中国少儿知识小百科

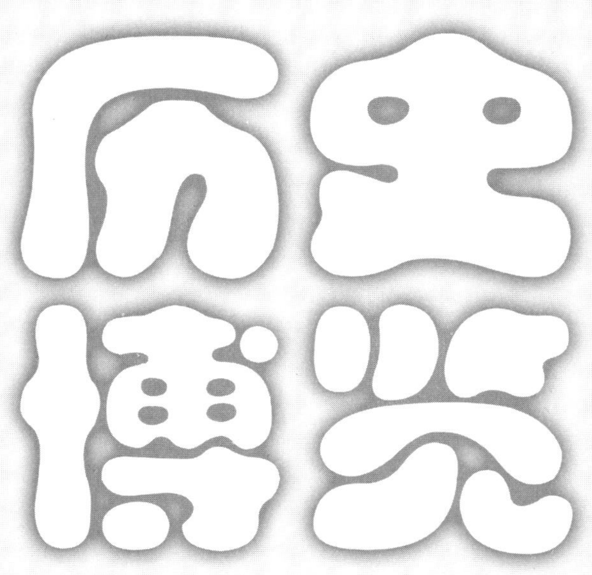

历史博览

Lishi Bolan

方辉 主编

山东大学出版社

图书在版编目（CIP）数据

历史博览／方辉主编．—济南：山东大学出版社，2017.1
（中国少儿知识小百科）
ISBN 978-7-5607-5429-1

Ⅰ．①历… Ⅱ．①方… Ⅲ．①中国历史－少儿读物 Ⅳ．①K209

中国版本图书馆 CIP 数据核字（2015）第 306022 号

责任策划：陈海军
责任编辑：陈海军
封面设计：张　荔

出版发行：山东大学出版社
社址　山东省济南市山大南路 20 号
邮编　250100
电话市场部（0531）88364466
经销：山东省新华书店经销
印刷：山东新华印务有限责任公司
规格：787 毫米 ×1092 毫米　1/16
7 印张　162 千字
版次：2017 年 1 月第 1 版
印次：2017 年 1 月第 1 次印刷
定价：20.00 元

出版人语

书籍是人类进步的阶梯，同学们在这条阶梯上攀登时，你们的脚步更多地承载着家庭和社会的希望和未来。

《中国少儿知识小百科》丛书紧紧围绕新课程标准进行设计和编写，根据广大同学的阅读水平和思维能力，侧重可读性、趣味性和拓展性，涉及10个学科门类，包括动物、植物、科学、艺术、民俗、体育、天文、地理、历史、军事等方面的有用和有趣知识，内容全面，通俗易懂。本丛书共设3000多个条目，并附有3000多幅相关插图，让大家在阅读时产生浓厚兴趣，增加知识，开拓视野，提高思维能力和语言能力。

本丛书将引领读者朋友游览《动物王国》，访问《植物城堡》，仰望《天文奇观》，俯视《地球家园》，参观《艺术长廊》，历数《民俗大观》，漫步《历史博览》，访问《科学驿站》，阔论《军事纵横》，走进《体育世界》，探索科学知识，认识大千世界。其中穿插的“洋话天天说”“诗词贝贝乐”“思维对对碰”“肚皮笑笑破”“我来考考你”等栏目，可拓展知识面，增加趣味性，生动活泼，寓教于乐，把学习知识、激发兴趣、培养能力融为一体，让大家更加积极主动地去探索奇妙的世界。

本丛书体例新颖，内容丰富，既收纳了各学科的基本知识点，又融入了各学科的新发现和新成果。在语言的叙述和表达上，力求生动活泼，深入浅出，把人类的常识和深奥的哲理与同学们熟悉的事物联系起来，引领读者朋友由近及远，由表及里，从已知到未知，迈开探索的脚步勇敢地进入科学知识的广阔天地。

《中国少儿知识小百科》丛书是一个集知识性、趣味性、益智性、拓展性、实用性于一体的适合广大同学阅读的百科知识宝库。同学们，让我们一起开始充满乐趣和惊奇的“寻宝”之旅吧！

《中国少儿知识小百科》丛书
编 委 会

目录

第一章 遥远的史前时代

置身于科技高度发展的现代社会，我们常常会不由自主地思索着：我们的祖先是什么样子的？他们是怎样生存的？一连串的问题让我们百思不得其解。古代劳动人民智慧的发明创造异彩纷呈，给我们留下了一个一个难解的谜团，也吸引着我们去探索去发现。来，孩子们，让我们一起跨越历史的长廊，走进远古探秘吧！

人类的起源

我们人类成长为今天的现代人是走过了艰辛的历程的，我们的祖先生活在恶劣的环境中，与狮狼为伍，与虫鸟为伴，他们常常面临着死亡的威胁。但是他们却从没有退缩过，凭借大自然馈赠的粗劣的石头，用自己的双手打制石器，积极地与大自然作斗争。让我们一起去领略我们勇敢的祖先吧。

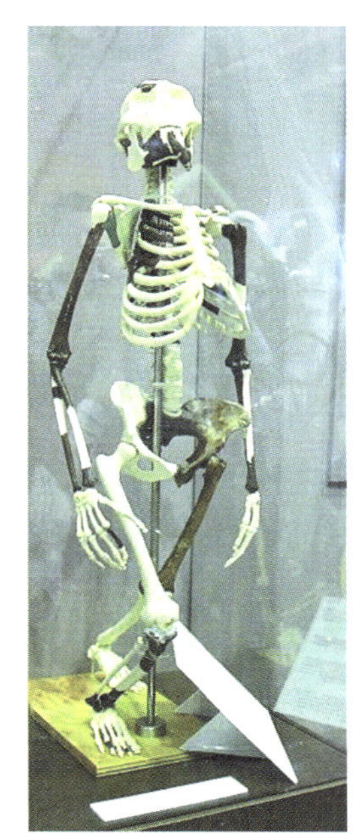
露西化石

最原始的人类

人类和动物之间的一个重要区别就是人类能够直立行走。可能早在400万年前，人类祖先就已经学会直立行走。1974年，一个被科学家称为“露西”的古人类化石的发现，有助于我们得出一幅较为清晰的早期原始人的画像。化石的主人是一位20岁的女性，生活在300万年前的东非地区。露西的骨骼轻而易碎，低额的颅骨中有一个很小的脑部，眼睛以上的骨头像类人猿眉骨一般突出。虽然与类人猿很相像，但她能直立行走，这使她成为迄今成止发现的最早的原始人，被称为“人类的祖母”。左图为在上海世博会非洲联合馆展出的“露西”化石复制品。

露西的模拟照片

大约170万年前，早期的人类开始从非洲分散到世界其他的地区。这时，早期的原始人已经进化成了直

楚江怀古
马 戴

露气寒光集，微阳下楚丘。
猿啼洞庭树，人在木兰舟。
广泽生明月，苍山夹乱流。
云中君不见，竟夕自悲秋。

立人，适应了各种不同的气候和环境，那些前往寒冷地带的原始人，学会了做衣服穿来保暖，学会了取火和建造简易的住所。当然，他们也制造并改进了武器和工具。

走出非洲

关于人类起源，长久以来一直存在世界各地独立起源说和同一起源说（即共同起源于非洲）两种。据现代分子人类学的研究成果，共同起源说更有可能是正确的。科学家们研究了世界各地人们的遗传物质（DNA），通过分析现代 DNA 序列中的变异，并追踪它们的时间“根”，发现现代人类的共同祖先约 20 万年前起源于非洲。

这也就是说，黄皮肤的中国人也很有可能是来自非洲的。这就严重挑战了我们几十年来广泛接受并被写入教科书的关于中华文明起源的知识，像“元谋人”“北京人”等就都与我们毫无关系了。这也太令人咋舌了！究竟孰是孰非，我们可以用包容、冷静的态度静观，不需要急着下结论。也许在不远的将来，通过进一步的科学研究与野外考古，今天作为读者的你，可以为我们揭晓答案。加油吧！

早期智人

早期智人

早期智人又称为“古人”，他们是生活于距今约 20 万年至 5 万年前的古人类。因最早的古人化石于 1856 年在德国杜塞尔多夫附近的尼安德特河谷一个山洞中发现（包括一个成年男性的颅骨和一些肢骨化石，约生活于 7 万年前），所以在人类学上把古人化石统称为“尼安德特人”。早期智人（古人）阶段的化石，在亚、非、欧三洲许多地区都有发现。古人的主要特征是脑量较大（男女平均为 1400 毫升），但脑的结构却比较原始。眉脊发达，前额倾斜，鼻部扁宽，颌部前突。虽然较猿人进步，但仍有不少原始性质。中国的丁村人、马坝人、长阳人等都属于早期智人。

尼安德特人是现代欧洲人祖先的近亲，从 20 万年前开始，他们统治着整个欧洲与亚洲西部，但在 2.8 万年前，他们却消失了。尼安德特人消失之迷，至今没有答案。有学者推测他们可能是由于不太适应气候突变、食物减少的情况而灭绝。

ABC 洋话天天说

A：How are you?
B：Fine，thank you .
A：你好吗？
B：好极了，谢谢你。

晚期智人

晚期智人

晚期智人又称为“新人”，他们是现代人类最近的祖先，生活在距今5万年至1万年前。

属于晚期智人的人类化石遍布全世界，晚期智人的下颌部内缩明显，额部较高，脑量在1400毫升左右，已与现代人没有多少差别了。中国发现的晚期智人有柳江人、资阳人、山顶洞人、河套人等。

中国最早的人类

元谋人头骨复原像

同学们，你们知道中国最早的人类吗？据科学家考证，元谋人是在中国发现的最早的直立人化石，发现于云南省元谋县上那蚌村，是已知中国境内最早的人类。

1965年，在上那蚌村西北的一个小山丘上发现了属于同一个体的左、右上内侧门齿各一枚，其形态特征与北京人的门齿相似，但也有一些差别。1973年，在附近地层还发现了7件人工打制的石英岩做的刮削器和炭屑、哺乳动物化石。1976年7月25日，经古地磁方法测定，其绝对地质年代为距今170万年左右，元谋人牙齿化石的齿冠保存完整，齿根末梢残缺，表面有碎小裂纹，裂纹中填有褐色黏土。这两枚牙齿很粗壮，唇面比较平坦，舌面的模式非常复杂，具有明显的原始性质。根据元谋人的牙齿化石，科学家推断出元谋人是人类的祖先。

思维对对碰

题目：往一只空篮子里放鸡蛋，篮子里的鸡蛋数每分钟增加一倍，放了12分钟后，篮子刚好放满。在什么时候鸡蛋刚好放到半篮？

答案：11分钟。

蓝田人

蓝田人头骨复原像

西安最早的居民，是旧石器时代的蓝田人。由于他们最初是在西安附近的蓝田县被发现的，所以被命名为“蓝田人”。他们大约生活在80万至60万年前。当时蓝田人的生活地区内，草木茂盛，多种远古动物栖息其间，包括东方剑齿象、葛氏斑鹿等素食动物以及凶猛的剑齿虎。蓝田人使用简单粗糙的打制石器，在这种恶劣的自然环境中挣扎求存。他们捕猎野兽，采集果实、种子和块茎等作为食物。

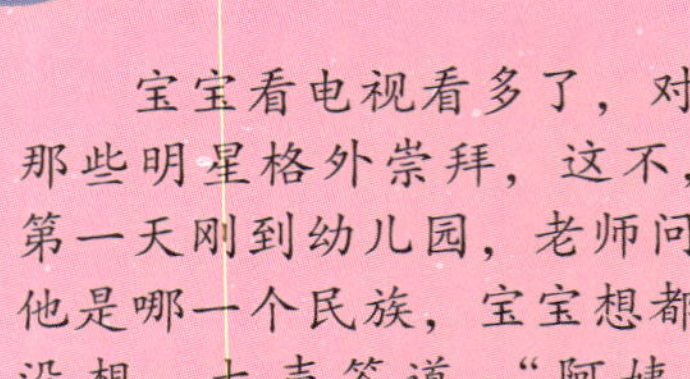

宝宝看电视看多了，对那些明星格外崇拜，这不，第一天刚到幼儿园，老师问他是哪一个民族，宝宝想都没想，大声答道："阿姨，我是追星族。"

会用火的北京人

北京人头骨复原像

1929 年，在北京西南周口店龙骨山山洞里发现了远古人类的头盖骨，后来在这个遗址中又先后发现了五个头盖骨。在这里发现的远古人类我们称为"北京人"。北京人生活在距今约 70 万年至 20 万年，他们保留了猿的某些特点，但已经能够使用工具劳动。北京人把石块敲打成粗糙的石器，还把树枝砍成木棒，用来采集植物，捕捉动物，加工食物。北京人已经会使用天然火。火的使用是人类进化过程中的一个很大的进步。

山顶洞人

1930 年，在北京西南周口店龙骨山顶部的山洞里，发现了距今约 18000 年的人类遗骨。我们把他们称作"山顶洞人"。山顶洞人的模样和现代人基本一样。山顶洞人用的还是打制石器，但有的制作很精细。他们已经懂得磨制和钻孔技术，会制造骨针等骨器，会用骨针缝制兽皮衣服，还会用有钻孔的兽骨、兽牙、石珠、海蚶壳做装饰品。他们已懂得人工取火，靠采集植物、打猎、捕鱼得到食物。

山顶洞人头部复原图

我来考考你

1. 西安最早的居民是 ________。
2. 会制造骨针等骨器，会用骨针缝制兽皮衣服的是 ________。
3. 现代人类最近的祖先是 ________。

新石器时代

古老的祖先在生活与劳动中变得越来越聪明，他们的脑容量越来越接近现代人，他们已经会开动自己的脑筋创造一些美好的事物，比如缝制衣服来遮羞避寒啊，烧制具有美丽花纹的陶器呀，等等。让我们一起去看看这些美丽的事物吧！

勤劳爱美的河姆渡人

俗话说："爱美之心，人皆有之。"我们古老的人类也是特别爱美的。河姆渡人就是一个典型。河姆渡文化是分布于浙江杭州湾南岸平原地区至舟山群岛的新石器时代文化，其年代大约在公元前4000年到5000年之前，因以浙江余姚河姆渡村遗址发掘最早，故称作"河姆渡文化"。该文化最早在1973年被发现，我国在1973～1974年和1977～1978年两次对河姆渡遗址进行发掘。在建筑方面，遗址中发现了大量干栏式建筑的遗迹。在食物方面，植物遗存有水稻的大量发现，被科学家认定是人工栽培的水稻，此外植物遗存尚有葫芦、橡子、菱角、枣子等。在动物方面，有羊、鹿、猴子、虎、熊等以及猪、狗、水牛等家养的牲畜。在人工制品方面，石器数量较少，主要是斧等工具。同时也有装饰品，多为木器和骨器，其中有中国最早的木制饰品木雕鱼，其他包括木柄骨制的耕田用具耜和刀铲等切割器具，亦有大量纺织工具。在河姆渡还出土了中国境内所发现最早的漆器，其陶器制作有一定的水准，估计最高烧制温度达1000摄氏度。

河姆渡遗址

诗词贝贝乐

送别

王维

下马饮君酒，问君何所之。
君言不得意，归卧南山陲。
但去莫复问，白云无尽时。

缝衣能手半坡人

距今6700年以前，在著名的仰韶文化的发祥地渭河流域生活着一群人，过着一种以女性为中心的生活，他们就是著名的半坡人。当时正是原始社会母系氏族公社的鼎盛时期，从半坡遗址出土的陶（石）纺轮、骨梭来看，半坡人已告别了披树叶、裹树皮的蒙昧，在穿着方面有了固定的形式，初步具有了原始审美观念。半坡人的衣服来源有两种，一是兽皮，二是植物纤维织成的布。人们通过狩猎活动不仅能获得肉食，而且能获得皮毛。兽

半坡出土的器物

皮柔软光滑，美观耐用，是理想的御寒服装。陶/石纺轮、骨梭的发现使人们确信聪明的半坡人已经掌握了纺线织布的技术。他们采用野生植物的纤维，如葛、麻等，用纺轮捻成线，织成布。当时的织布机是水平式的，一端固定经线，另一端系在腰际，使用时手持骨梭来回穿梭编织，虽然在遗址中没有发现半坡人织出的布，但半坡人在一些陶器的底部留下了十分清晰的麻布印痕，这种麻布粗的类似今天的麻袋布，细的像帆布。

A：What's he doing?
B：He's cutting a letter.
A：他在干什么？
B：他在剪卡片．

半坡遗址还出土了281枚骨针，这些骨针制作精美细致，而且在针的尾部已经出现了可供穿线的针眼，这表明当时缝制衣物已相当普遍。至于衣服的式样，大概尚未定型，根据民族学和考古学资料来推测，有一种式样大概是连身的，把一块麻布披在身上，腰间系根绳子，这种衣服无上下衣之分，也无领无袖。另一种式样的“衣”和“裳”可能是分开的，像现在的短衫和短裙，这就是人类最原始的衣裳样式了。衣服不仅可用来御寒防暑，还起到了一定的装饰作用。

题目：一个爱斯基摩人乘坐套有5条狗的雪橇赶往朋友家。在第一天，雪橇以爱斯基摩人规定的速度全速行驶。一天后，有2条狗扯断了缰绳和狼群一起逃走了。于是剩下的路程爱斯基摩人只好用3条狗拖着雪橇，前进的速度是原来的3/5。这使他到达目的地的时间比预计推迟了2天。事后，爱斯基摩人说：“逃跑的狗如果能再拖雪橇走60千米，那我就能比预计的时间迟1天到。”你知道爱斯基摩人总共走了多少路程吗？

答案：160千米。

解析：后来的速度：60×（1−3/5）=24km

原来的速度：24÷3/5=40km

总路程：40×[（24×2）÷（40−24）+1]=160km

美丽彩陶——仰韶文化

仰韶文化是距今5000年至6000年中国新石器时代的一种文化。生产工具以较发达的磨制石器为主，常见的有刀、斧、锛、凿、箭头、纺织用的石纺轮等。骨器也相当精致。有较发达的农业，作物为粟和黍。饲养的家畜主要是猪，并有狗。也从事狩猎、捕鱼和采集。各种水器、甑、灶、鼎、碗、盆、罐、瓮等日用陶器以细泥红陶和夹砂红褐陶为主，主要呈红色。红陶器上常有彩绘的几何图案或动物花纹，是其最明显特征，故也称“彩陶文化”。房屋一般建在河流两岸经长期侵蚀而形成的阶地上，或在两河汇流处较高而平坦的地方，这里土地肥美，取水和交通也很方便。如临潼姜寨的村落遗址，约有100多座房屋，分为5组围成一圈，四周有濠沟环绕，反映出当时有较严密的氏族公社制度，仰韶文化属于母系氏族公社繁荣时期的文化。早期盛行集体合葬和同性合葬，几百人埋在一个公共墓地，排列有序。各墓规模和随葬品差别很小，但女子随葬品略多于男子。

条纹壶（出土于甘肃省临洮县马家窑文化遗址）

拔牙鼻祖——大汶口文化

我们小时候都有过换牙的经历，那么你听说过有的人专门拔掉牙齿来美化自己吗？今天我就告诉你。他们就是大汶口人。大汶口文化是黄河下游地区的新石器时代文化。因1959年发掘的山东泰安大汶口遗址而得名。据放射性碳素断代并经校正，年代约始自公元前4300年，到前2500年前后发展为山东龙山文化。大汶口文化以特点鲜明的陶器为主要特征。其中以夹砂红陶和泥质红陶为主，也有灰陶、黑陶，并有少量硬质白陶。泥质陶器上常饰镂孔、划纹，有彩陶和简单的朱绘陶。三足器、圈足器发达，也有平底器、圆底器和袋足器。典型器物为觚形器、釜形鼎、钵形鼎、罐形鼎、双鼻壶、背壶、宽肩壶、高柄杯、瓶和大口尊等。大汶口文化的居民盛行枕骨人工变形和青春期拔齿的习俗（一般拔除一对上颌侧门齿）。这里是流行于古代中国东方、南方地区的拔齿习俗的发源地。

大汶口文化遗址出土的陶器（叫兽形灰陶鬶，酒器的一种，鬶念guī）

女儿刚好在小雪这个节气出生，那天也正好下雪，于是父母给她起名“小雪”。小雪不懂得二十四节气，五岁时，她对爸爸说：“我现在叫小雪，长大后叫大雪，年老后就该叫老雪。”

令人景仰的人文初祖

陕西省黄陵县桥山上有一座黄帝陵。黄帝被誉为中华民族的“人文初祖”。每逢清明节，都有不少海内外的炎黄子孙前去祭拜。大约在4000年以前，以黄帝为首领的部落，住在中国西北部的姬水附近。当时，发明农耕和医药的天下共主炎帝神农氏已经衰落，酋长们互相攻伐，战乱不断，于是黄帝就毅然担负起了安定天下的重任。他率领他的部落采用战争手段，征讨其他部落，使得诸部落纷纷前来归附。最后形成了黄帝、炎帝、蚩尤

黄帝陵

三个大的部落。有一次，炎帝与蚩尤为了争夺黄河下游地区发生激战，炎帝战败向北撤退，跑到黄帝那里求救。三年间黄帝和蚩尤交战九次均未获胜，于是他决定先以德行治理百姓，整顿兵力，发展黍、稷、菽、麦、稻等粮食作物的生产，团结归附的各部落人民，把各部落的军队调集到一起，排成不同的方阵。每个方阵分别打出熊、罴、貔、虎等旗帜，统一号令，与蚩尤展开决战，终于把蚩尤杀得大败。各部落见黄帝打败了蚩尤，就都崇拜他这个首领。据说祭告天地的时候，天空出现了黄色的大蚓大蝼，人们就说他是以土为德的帝，所以就称他为“黄帝”。据说黄帝活了110岁，死后安葬在桥山。从古到今，人们都认为黄帝是华夏的始祖，自己是黄帝的子孙。又因为黄帝和炎帝是近亲，后来又融合在一起，所以汉族人常常把自己称为“炎黄子孙”。

尧

古代的民主选举

禅（shàn）让制是中国上古时期民主推举部落首领的一种方式。相传尧为部落联盟领袖时，四岳推举舜为继承人，尧对舜进行三年考核后，让他帮助办事。尧死后，舜继位。后来，舜用同样的推举方式，以禹为继承人。禹继位后，又举皋陶为继承人，皋陶早死，又以伯益为继承人。这就是部落联盟推选领袖的制度，史称“禅让”。据说首领要躲在树林中，然后由族人拥戴他出来。

聪明尽职的大禹

尧在位的时候，黄河流域发生了很大的水灾，庄稼被淹了，房子被毁了，老百姓只好往高处搬。不少地方还有毒蛇猛兽，伤害人和牲口，叫人们过不了日子。

尧召开部落联盟会议，商量治水的问题。他征求四方部落首领的意见：派谁去治理洪水呢？首领们都推荐鲧（gǔn）。鲧花了九年时间治水，没有把洪水制服。因为他只懂得水来土掩，造堤筑坝，结果洪水冲塌了堤坝，水灾反而闹得更凶了。

舜接替尧当部落联盟首领以后，亲自到治水的地方去考察。他发现鲧办事不力，就把鲧杀了，又让鲧的儿子禹去治水。禹改变了他父亲的做法，用开渠排水、疏通河道的办法，把洪水引到大海中去。他和老百姓一起劳动，戴着箬帽，拿着锹，带头挖土、挑土，累得磨光了小腿上的毛。经过13年的努力，终于把洪水引到大海里去，地面上又可以供人种庄稼了。后人都称颂禹治水的功绩，尊称

禹

他为“大禹”。舜年老以后，也像尧一样物色继承人。因为禹治水有功，大家都推选禹。舜死后，禹就继任了部落联盟首领。

我来考考你

1. 以女性为中心生活的原始人是半坡人吗？
2. 有拔牙风俗的古人是 ________。
   A. 大汶口人　　B. 仰韶文化人　　C. 河姆渡人
3. 以特点鲜明的陶器为主要特征的文化是________。

第二章 得天独厚的大河文明

小朋友，你知道吗？中国，我们的祖国，是世界文明的发源地之一，有着五千年的文明史，与古埃及、古巴比伦、古印度并称为“四大文明古国”。这四大文明古国都发源于大江大河，受惠于大江大河的哺育。下面就让我们一起去看看得天独厚的大河文明吧！

辉煌的华夏文明

中国是世界四大文明古国之一，有着悠久的历史。黄河流域、长江流域是中华民族比较早的文明发祥地。黄河流域土层深厚，适宜发展原始农业。大约180万年前，华夏先民就开始在黄河流域生息繁衍。长江流域植被繁茂，但气候略偏湿热，因此古代文明比黄河流域要暗淡一些。

神农氏

神农氏

神农氏是传说中的农业和医药的发明者。远古人民过着采集、渔猎生活，他发明制作木耒（lěi）、木耜（sì），教民从事农业生产。小朋友，你知道神农氏为什么要种五谷吗？据《拾遗记》记载，一天，一只周身通红的鸟儿，衔着一棵五彩九穗谷，掠过神农氏的头顶时，九穗谷掉在地上，神农氏见了，拾起来埋在了土壤里，后来竟长成一片。他把谷穗在手里揉搓后放在嘴里，感到很好吃。于是他教人伐倒树木，割掉野草，用斧头、锄头、耒耜等生产工具，开垦土地，种起了谷子。那时，五谷和杂草长在一起，草药和百花开在一起，哪些可以吃，哪些不可以吃，谁也分不清。神农氏就一样一样地尝，一样一样地试种，最后从中筛选出菽、麦、稷、稻、黍五谷，所以后人尊他为“五谷爷”“农皇爷”。

诗词贝贝乐

勿以善小而不为，勿以恶小而为之。

炎帝和黄帝

同学们，你知道吗？中华民族有两个别称，一是“中华儿女”，二是“炎黄子孙”。“炎黄子孙”之称古已有之。相传在上古时代，黄河流域住着许多分散的人群。他们按照亲属关系组成了氏族，很多氏族又联合起来组成了部落。黄帝和炎帝就是其中两个大部落的首领。

炎帝和黄帝像（在河南郑州，左为炎帝，右为黄帝）

那时候，人们抵抗自然灾害的能力很低，一遇到水旱灾，就得搬家。一次，炎帝部落在搬家时来到了黄帝部落的地方，看到那里条件很好，就决定长期住下来。可是黄帝部落的人不愿意，双方打起仗来。经过三次战斗，炎帝部落被打败了。炎帝向黄帝认输，表示愿意听从黄帝的命令，黄帝就答应了炎帝部落住下来的要求。后来他们联合在一起组成了炎黄部落联盟，黄帝成了这个联盟的领袖。中华民族的历史，从此就开始了。在考古学上，炎黄文明对应的史前文化是仰韶文化。

那个时候，中原以东的沿海地区（主要有山东、江苏、安徽等）居住着东夷人，传说蚩尤是他们的首领，他们也创造了灿烂的文化，像有名的蛋壳黑陶就是从东夷文化遗址中发现的。大汶口文化被认为是东夷人创造的。

洋话天天说

A：What do you like?
B：I'd like a burger.
A：Well, let's buy some.
B：Oh, that's great.
A：你喜欢什么啊？
B：我最喜欢汉堡。
A：好，那我们就买一些吧。
B：哦，太好了！

九州和九鼎

鼎

九州是中国的代称，是众所周知的。小朋友肯定也知道吧！但是你能将九州以及九鼎的来历说清楚吗？下面我们就一起来看看。

据《春秋左传》记载，夏朝初年，大禹划分天下为九州，令九州长官贡献青铜，铸造九鼎，将全国的名山大川、奇异之物镌刻于九鼎之身，以一鼎象征一州，并将九鼎集中于夏王朝都城。这样，“九州”就成为中国的代名词，“九鼎”成了王权至高无上、国家统一昌盛的象征。历史上虽有众多有关九鼎的记载，但是，早在2000多年前，它们就不知隐身何处了。

小朋友，你知道九州指哪九州吗？九州指冀州、兖州、青州、徐州、扬州、荆州、豫州、梁州、雍州。

司母戊大方鼎

司母戊大方鼎

同学们，上面我们已经了解九鼎了，下面让我们看看司母戊鼎。司母戊鼎是中国商代后期（约前1600～前1046）王室祭祀用的青铜方鼎，1939年3月19日在河南省安阳市武官村一家的农地中出土，因其腹部铸有“司母戊”三字而得名，现藏中国国家博物馆。司母戊鼎器型高大厚重，又称“司母戊大方鼎”，高133厘米，口长110厘米，口宽79厘米，重832.84千克，鼎腹长方形，上竖两只直耳，下有四根圆柱形鼎足，是中国目前已发现的最重的青铜器。据考证，司母戊鼎应是商王室重器，其造型、纹饰、工艺均达到极高的水平，是商代青铜文化顶峰时期的代表作。

题目：古埃及人是以什么来计算他们的财富的，是奴隶的人数，是田地的面积，是金银的数量，还是牛的头数？

答案：是牛的头数。

甲骨文

同学们，在古代还没有文字时，人们就用结绳的方法记事。现在走遍中华大地，即使方言难以交流，方块字写在纸上，一目了然。真是亲不亲，文字根！文字的出现意味着人类走出了结绳记事的洪荒年代。那文字是从什么时候开始出现的呢？殷墟甲骨文是目前所知我国最早的文字，也是比较成熟的文字。甲骨文的发现，是照亮中华文明的一盏明灯。

甲骨文

甲骨文主要指殷墟甲骨文，是商代后期（前1300～前1046）王室用于占卜记事而刻（或写）在龟甲和兽骨上的文字。它是中国已发现的古代文字中时代最早、体系较为完整的文字。绝大部分甲骨文发现于殷墟。殷墟是著名的殷商时代遗址，在河南省安阳市西北小屯村、花园庄、侯家庄等地。这里曾经是殷商时代后期中央王朝都城的所在地，所以称为“殷墟”。

纽约市卫生专员拜访新当选的纽约市市长说：“欢迎你入主市政厅，附带说一句，你将没有地方倒垃圾。”

我来考考你

1. 中国传统中的“五谷”指菽、麦、________、________、________。
2. 九州指冀州、兖州、青州、徐州、扬州、荆州、________、________、________。

尼罗河的赠礼

终南望余雪

祖咏

终南阴岭秀，积雪浮云端。
林表明霁色，城中增暮寒。

埃及大部分地区都是黄沙滚滚的沙漠，只有尼罗河冲刷而过的地方孕育了古埃及文明，这里聚集了埃及90%以上的人口。埃及是世界文明古国之一，受宗教影响极大，举世闻名的金字塔就是古埃及人对永恒观念的一种崇拜产物，目前埃及共有80余座金字塔，其中最大的一座是胡夫金字塔。除了金字塔以外，狮身人面像也是埃及的象征。同学们，让我们一起到这充满宗教色彩的国度去看看吧！

神秘而恐怖的“法老咒语”

在埃及金字塔幽深的墓道里，刻着一句庄重威严的咒语：“谁打扰了法老的安宁，死

埃及卡尔纳克神庙的壁画

神的翅膀就将降临在他头上。”人们曾经以为，把这种咒语刻在墓道上，不过是想吓唬那些盗墓者，使法老和墓中财宝免遭劫难。随着近代考古学的兴起，众多西方学者和探险家前来埃及发掘古迹，他们也没有把这当回事。然而一个多世纪以来陆续发生的事，却使那些胆大妄为的人们不得不在咒语面前感到畏惧：进入法老墓室的人，无论是探险家，还是盗墓者，绝大多数不久便染上不治之症或因意外事故莫名其妙地死去。人们不得不相信：这是法老的咒语显灵了。

其实并不是这样的。1963 年，开罗大学学者发表文章说，根据他为许多考古学家做的体检，这些人均带有一种能引起呼吸道炎症的病毒。他认为进入法老墓穴的人正是感染了这种病毒，引发肺炎而死的。 1983 年，法国女医生菲利浦提出了又一见解。她认为致命的不是病毒而是霉菌，由于法老陪葬物中有众多食品，日久腐败，在墓穴中形成众多的霉菌微尘。进入墓穴者不可避免地要吸入这种微尘，从而引发肺部感染，痛苦地死去。

洋话天天说

A：Which book would you like to read?

B：Ah，it's *The First Day of School*.

A：你最喜欢看哪本书啊？

B：是《在学校的第一天》。

胡夫金字塔

胡夫金字塔

金字塔是古埃及的象征，埃及迄今发现的金字塔共约 80 座，其中最大的是以高耸巍峨而居古代世界七大奇观之首的胡夫大金字塔。据一位名叫彼得的英国考古学家估计，胡夫大金字塔大约由 230 万块石块砌成，外层石块约 115000 块，平均每块重 2.5 吨，像一辆小汽车那样大，而大的甚至超过 15 吨。假如把这些石块凿成平均一立方英尺的小块，把它们沿赤道排成一行，其长度相当于赤道周长的 2/3。据古希腊历史学家希罗多德的估算，修建胡夫金字塔一共用了 30 年时间，每年用工 10 万人。金字塔一方面体现了古埃及人民的智慧与创造力，另一方面也成为法老专制统治的见证。

题目：有两个人 a 和 b，a 有一头牛，b 有羊和鹅．他们一起去放牧，发现牛吃的草和羊与鹅吃的草的数量一样。牛和羊把这个牧地吃完要花 45 天，牛和鹅把这个牧地吃完要花 60 天，羊和鹅把这个牧地吃完要花 90 天，问：牛、养和鹅把这个牧地吃完要花多少天？

答案：20 天。

象形文字

我们都知道像“日”“月”这些字都是象形字，其实在古埃及很早就有象形字了。它是古埃及直接描摹物体形象的文字符号，是世界上最古老的文字体系之一。自公元前 3500 年起逐渐形成，一直使用到公元 2 世纪。所记语种属古代埃及语，主要使用者为僧侣。这种文字通常被刻在庙墙和宗教纪念物上，因而在古希腊文中，称为“神圣的雕刻”或“圣书”。译成中文时，则借用了“象形文字”这一习惯用语。古埃及的象形文字系由原始的图画符号演变而来。按符号在文字体系中的作用可分为表意文字（意符）和表音文字（音符）两类。表意文字表现所描摹的实物或与之有关的某些事物的概念；表音文字则是用来拼音的符号，它原为表意文字，但又具有表音的功能。据统计，当时经常使用的文字符号共计 700 个左右。古埃及象形文字的书写方式有直式和横式两种。直式是从上往下写；横式是从左向右或从右向左写。区别象形文字左右书写的方向是根据所表现的物体形象面向何方。古埃及的象形文字通常刻在庙墙、陵墓、石棺、调色板、雕像、洞穴峭壁等石质材料上，有时也写在陶片、木料和纸草上。

埃及象形文字

肚皮笑笑破

一大学生被敌人抓了。敌人把他绑在了电线杆上，然后问他：“说，你是哪里的？不说就电死你！”大学生回了敌人一句话，结果被电死了。他说：“我是电大的！”

狮身人面像

你们相信由狮的身体和人的面孔组成的奇特事物吗？我们一起来开罗看看这奇特

狮身人面像

的景象吧。狮身人面像坐落在开罗西南的吉萨大金字塔近旁，是埃及著名古迹，与金字塔同为古埃及文明最有代表性的遗迹。像高 21 米，长 57 米，耳朵就有 2 米长。除了前伸达 15 米的狮爪是用大石块镶砌外，整座像是在一块含有贝壳之类杂质的巨石上雕成的。面部是古埃及第四王朝法老（即国王）哈夫拉的脸型。相传公元前 2611 年，哈夫拉到此巡视自己的陵墓——哈夫拉金字塔工程时，吩咐为自己雕凿石像。工匠别出心裁地雕凿了一具狮身，而以这位法老的面像作为狮子的头。在古埃及，狮子是力量的象征，狮身人面像实际上是古埃及法老的写照。雕像坐西向东，蹲伏在哈夫拉的陵墓旁。由于它状如希腊神话中的人面怪物斯芬克斯，西方人因此以“斯芬克斯”称呼它。

圆周率 3.16

同学们知道吗？我们现在数学中计算圆的面积要用的 π，最初也是埃及人发明的呢。古埃及有很多数学方面的贡献，这从考古发掘中发现的一些坟墓中用小绳丈量土地的图画可以得到证明。另外，考古人员还发现了一些古埃及人的有关数学的纸草文献，如《莫斯科数学纸草》《林德纸草》《阿那西塔西纸草》等。从这些数学纸草文献可以看出，古埃及人的数学知识包括算术、代数和几何三个方面。在算术方面，他们主要是迭加法，加法与减法是用一个走近或走开（来和去）的腿形来表示的，乘除法也是化作迭加步骤来做的。在几何方面，他们已能计算等腰三角形、长方形、梯形乃至圆的面积。他们算出圆周率为 3.16，同时也会求柱体等的面积。科学家还推算出金字塔的建造也运用了圆周率。

我来考考你

1. 古埃及的象形文字书写方式有______和______两种。
2. 人面怪物斯芬克斯指的是什么？
3. 胡夫大金字塔大约由多少块石块砌成？

新月沃地的文明

同学们，四大文明古国的文明都离不开河流的孕育，古巴比伦文明也不例外，宽广的幼发拉底河与底格里斯河流过的这块土地，被称为“新月沃地”（在地图上它好像一弯新月），两河滋润了古巴比伦人的情怀，锻炼了他们与自然作斗争的勇气，从而创造了令世界瞩目的古巴比伦文明。来让我们一起走进这片古老的土地，感受这古老的文明吧！

空中花园

诗词贝贝乐

送崔九

裴迪

归山深浅去，须尽丘壑美。
莫学武陵人，暂游桃源里。

在古巴比伦王国曾出现一座漂浮在半空的园林，但最令人感到意外的是，考古学家至今仍未能找到它的确切位置。事实上，大半描绘空中花园的人都从未涉足巴比伦，他们只知东方有座奇妙的花园，波斯王称之为“天堂”，而在两相凑合下，形成了遥远巴比伦的梦幻花园。实际上，在巴比伦的文献记载中，它本身也是一个谜，其中甚至没有一篇谈及空中花园。当然，巴比伦空中花园当然不是悬于空中，这个名字纯粹是对希腊文“paradeisos”一词的意译。其实，“paradeisos”直译应为梯形高台，所谓“空中花园”实际上就是建筑在梯形高台上的花园。

空中花园

黄道十二宫

我们同学之间常常会说自己是天秤座的，自己是巨蟹座的……你知道这些星座最早起源于哪里吗？在古巴比伦，人们对这些星座进行了长期观测，通过观测定出了黄道，又把黄道分成12等份，每等份30度，称为1段。太阳在12个月内绕黄道运行1周，因此它在黄道上每月运行1段。在古巴比伦人看来，太阳是阿波罗神，它休息的地方定然是金碧辉煌的宫殿，因此，他们就把黄道上的1段叫作1宫。这样，黄道上的12段便成了“黄道十二宫”。黄道十二宫的名称与黄道附近的12个星座相同，即白羊宫、金牛宫、双子宫、巨蟹宫、狮子宫、室女宫、天秤宫、天蝎宫、人马宫、摩羯宫、宝瓶宫和双鱼宫。

世界上第一部成文法

人类在4000多年前就留下了较为完备的成文法典，这就是世界上第一部成文法——《汉谟拉比法典》。

1901年12月，由法国人和伊朗人组成的联合考古队正在伊朗西南部一个名叫苏撒的古城旧址进行发掘工作。一天，考古人员发现了一块黑色玄武石，几天以后又发现了另外两块。将三块拼接起来，恰好是一个椭圆柱形的石碑。这块石碑高达2.25米，底部圆周长为1.9米，顶部圆周长为1.65米。石碑的上部是浮雕，下部是用典型的阿卡德语（即巴比伦语）楔形文字镌刻的铭文。历史学家和考古学家们经过缜密考证后断定：它就是人们耳闻却未曾目睹过的《汉谟拉比法典》。它是古巴比伦王国第六代国王汉谟拉比（公元前1792年～前1750年在位）颁布的一部著名法典。这部法典由序言、正文（282条）和结语三部分（共3500行）组成。内容从道德说到国家义务，又说到私人社会生活的各个领域，包括诬陷、盗窃、窝藏、抢劫、兵役、租地、关于土地的经济纠纷、果园、实物租赁、商贸、托送、人质、债务、寄存保管、婚姻、继承、收养、人身伤害、医疗、理发、建筑、船业、租业、委托放牧、雇工、关于奴隶的纠纷等等，涉及面之广，规定之详细，令后人乃至现代人赞叹不已。

A：Where do you live?
B：I live in Beijing.
A：你住在哪里？
B：我住在北京。

刻有《汉谟拉比法典》的石碑

太阴历

在我们中国过大年都是过的阴历年，你知道阴历年最早起源于哪里吗？我们赶快一起来看看吧。太阴历又叫“阴历”，也就是以月亮的圆缺变化为基本周期而制定的历法。世界上现存阴历的典型代表是伊斯兰教的阴历，它的每一个历月都近似等于朔望月，每个月的任何日期都含有月

题目：光明小学在一条马路上共栽树21棵，每隔6米栽1棵，这条路长多少米？
答案：120米。

相意义。历年为12个月，平年354天，闰年355天，每30年中有11年是闰年，另19年是平年。纯粹的阴历，可以较为精确地反映月相的变化，但无法根据其月份和日期判断季节，因为它的历年与回归年实际没有关系。

星期制

星期（又作“周”）是古巴比伦人创造的时间单位，一个星期为七天，分别用太阳、月亮和五大行星的名字命名。星期制是一种特殊的记日方法。它以七天为一周，循环往复。星期的起源与阴历根据月相圆缺变化的周期有关，从阴历的月初看不见月亮，到初七、初八月亮变成半圆，十五前后出现满月，再过七八天又变成半圆，都是以七天为一周期。古代人据此创造了七天为一周的记日制，以日、月、火、水、木、金、土的名字作为星期中各日的名字。“星期”又名七曜（yào）。七曜的顺序是：日曜是星期日，月曜是星期一，火曜是星期二，水曜是星期三，木曜是星期四，金曜是星期五，土曜是星期六。

楔形文字

月下独酌

李白

花间一壶酒，独酌无相亲。
举杯邀明月，对影成三人。

同学们听说过写在泥板上的文字吗？早在公元前4000年，苏美尔人在开发两河流域的同时，创造了这种文字。这种神秘的文字写起来，既不用笔，也不用纸，而是用木棒刻在泥板上。楔形文字的辨认，同埃及象形文字的辨认过程极为相似。这件事还得追溯到2500年前。那是公元前522年3月的事情。当时波斯皇帝冈比西斯率大军远征埃及。有一个叫高墨达的僧侣，冒充被冈比西斯处死的皇弟巴尔狄亚的

贝希斯敦铭文（楔形文字）

名义在波斯各地和米底发动了叛乱。叛乱持续了半年之久。皇帝冈比西斯在从埃及返回波斯的途中突然病死。一时间波斯贵族群龙无首。这时有一个叫大流士的贵族用阴谋手段获得了皇位。他最后平定了叛乱。为了称颂自己的功绩，大流士让人将他平定叛乱的经过，刻在米底首府埃克巴坦那（今伊朗哈马丹）郊外贝希斯敦村附近的一块大岩石上。这就是著名的“贝希斯敦铭文”。“贝希斯敦铭文”上面刻着三种文字：楔形文字、新埃兰文和古波斯文。1835 年，一个偶然的机会，法国学者罗林森发现了这块铭文，并制成了拓本。1843 年，他译解了其中的古波斯文，然后又将古波斯文与楔形文字对照，终于读通了楔形文字，从此解开了楔形文字之迷。原来，最古的楔形文字是从右到左直行写的。因为书写不便，后来就把字形侧转 90 度，改成从左到右的横行。

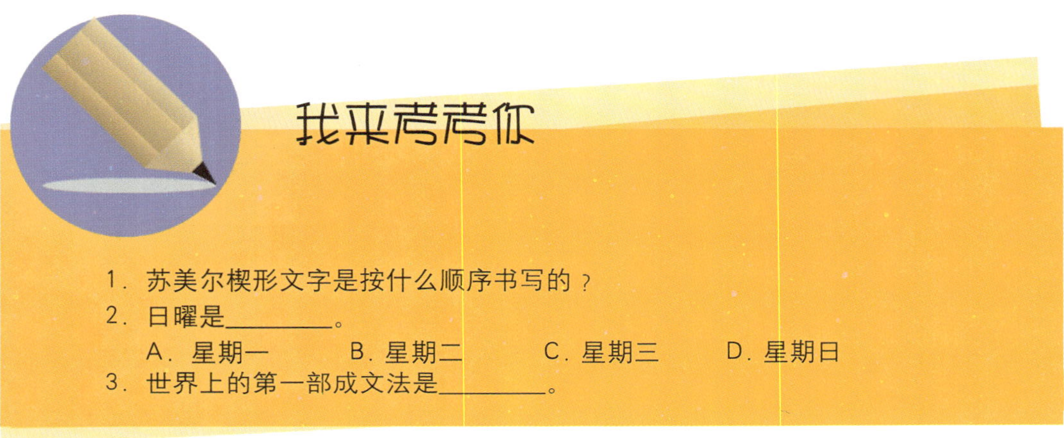

我来考考你

1. 苏美尔楔形文字是按什么顺序书写的？
2. 日曜是________。
   A. 星期一　　B. 星期二　　C. 星期三　　D. 星期日
3. 世界上的第一部成文法是________。

神话之邦

古代印度是人类文明的发祥地之一，它和古代中国、古代埃及、古代巴比伦并称“四大古国”。勤劳、勇敢的印度人民，曾经创造了灿烂的古代文明，为人类作出了自己的贡献。来，小朋友们，让我们一起走进这神话般的国度去探索吧。

>> 愚昧野蛮的种姓制度

印度的原住民大部分是达罗毗荼人，公元前二千年，雅利安人逐步征服了整个印度。雅利安人相对皮肤黝黑的达罗毗荼人，自视高人一等（“雅利安”本义即为高贵者），建立了森严的等级制度，这就是种姓制度。印度人被分为四个种姓：婆罗门、刹帝利、吠舍和首陀罗。婆罗门是祭司贵族，掌握神权，在社会

鹿柴
王维

空山不见人，但闻人语响。
返影入深林，复照青苔上。

中地位最高。刹帝利是武士阶层，包括国王和各级官吏，掌握国家行政、司法权力。吠舍是雅利安人的中下阶层，包括农民、手工业者和商人。首陀罗是指被征服的达罗毗荼人，“首陀罗”本义即为顺从者。此外，还有一种“贱民”，属于最低级的人群，只能从事最低贱的职业，在他人眼里没有任何权利，连牲畜都不如。各个种姓职业世袭，互不通婚，以保持严格的界限。

首陀罗种姓

广泛流传的佛教

佛教产生于公元前 6 世纪 ~ 前 5 世纪的古代印度。其创始人为乔达摩·悉达多（约前 566 ~ 前 486 年），“释迦牟尼”是佛教徒对他的尊称，意思是释迦族的贤人。乔达摩出身于刹帝利种姓，是迦毗罗卫国（在今印度、尼泊尔边境地区）净饭王太子。据说他幼时受传统的婆罗门教育，学习吠陀经典；20 岁时，始感人世生、老、病、死的各种苦恼，又对当时的婆罗门教不满，遂舍弃王族生活，出家寻访师友，探索人生解脱之道。开始时，他在摩揭陀国王舍城附近学习禅定，后在尼连禅河畔独修苦行，进而至伽耶（菩提伽耶）毕钵罗树下深思默想，经过七天七夜之后，终于“悟道成佛”，这一年他 35 岁。之后，他在印度北部、中部恒河流域一带传教，历时 45 年，从者甚众，流传下来，称为“佛教”。佛，梵文为 Buddha，意为觉悟，汉译为“佛陀”。

洋话天天说

A：My mum can be my best friend.
B：The book can be my best friend.
A：我的妈妈是我最好的朋友。
B：这本书是我最好的朋友。

我国藏族唐卡工艺中的释迦牟尼

能征善战的“无忧王”

阿育王是古代印度摩揭陀国孔雀王朝的第三代国王，又被称为“无忧王”。他的祖

阿育王

父是孔雀王朝的建立者旃陀罗笈多。阿育王的父亲是帝国的第二代国王宾头沙罗。阿育王只是宾头沙罗王众多王子中的一个。公元前273年，宾头沙罗王病逝。不久，为了夺取王位，王子和公主们进行了残酷的内战，其中最为激烈的是阿育王和长兄之间的战争。在这场争夺王位的斗争中，阿育王曾经谋杀的兄弟姐妹有99人。最后他夺取了王位，但直到称王后的第4年，阿育王才举行正式的登基典礼（灌顶信仰式）。

阿育王即位后，追随祖父旃陀罗笈多的事业，开始向外扩张。他曾征服过湿婆萨国，但最大规模的扩张是对羯陵伽的远征。羯陵伽是孟加拉湾沿岸的一个强国，拥有步兵6万，骑兵1万，战象几百头。这个国家不仅在军事上很强大，而且由于海外贸易发达，在经济上也很富庶，这就引起了阿育王的垂涎。他在举行登极典礼后的第八年（约公元前262年）开始向羯陵伽大举进犯，最后羯陵伽国被他征服。

肚皮笑笑破

两个手指摆个V，是什么？是耶……手抖抖抖往下伸，是什么？是落叶！

题目：一人拿一张百元钞票到商店买了25元的东西，店主由于手头没有零钱，便拿这张百元钞票到隔壁的小摊贩那里换了100元零钱，并找回了那人75元钱。那人拿着25元的东西和75元零钱走了。过了一会儿，隔壁小摊贩找到店主，说刚才店主拿来换零的百元钞票为假币。店主仔细一看，果然是假钞。店主只好又找了一张真的百元钞票给小摊贩。问：在整个过程中，店主一共亏了多少钱？

答案：200元。

>> 吠陀和史诗时代

大约在公元前1500年，来自北方的游牧民族雅利安人征服了印度河和恒河流域，开创了吠陀文化时代。所谓“吠陀”，原意是知识，中国古代也译作“明”。由于有四部留

《罗摩衍那》壁画

传至今的以“吠陀”为名的神话诗集间接记述了那个时期的社会状况，故将那个时期称为“吠陀时期”。“史诗时代”是由于出现了两部重要的史诗而得名，它们是《摩诃婆罗多》和《罗摩衍那》。吠陀和史诗时代大约于公元前600年结束，此后长达2000多年的历史是列国争雄时代。

我来考考你

1. 印度人被分为哪四个种姓？
2. 史诗时代出现了两部重要的史诗，它们是＿＿＿＿、＿＿＿＿。

第三章 人类历史的黄金时代

随着奴隶社会的崩溃，封建制度逐渐形成和发展起来，历史迎来了黄金时代，在工业、农业、科学、文学艺术方面出现了古代罕见的奇迹。下面我们就到这个富足的时代去看看。

欧洲诸国

公元476年西罗马帝国的灭亡，标志着奴隶社会在西欧的崩溃。之后，西欧的封建制度逐渐形成和发展起来。封建制度占统治地位的时期，被欧洲史学界称为“中世纪”或“中古世纪”。这一时期，欧洲出现了一些早期封建国家，孕育了今天的英、法、德、意等欧洲主要国家的雏形。

德国中世纪城堡

西罗马帝国的灭亡

公元4世纪中期，罗马帝国境内不堪忍受残暴统治的人民纷纷起义。公元394年，作为起义者起家的提奥多西最后一次把罗马帝国统一了起来，然而统一是短暂的。395年提奥多西去世后帝国分裂为东、西两部。公元5世纪初，西哥特人在罗马城内奴隶的配合下，一举占领罗马城。到5世纪70年代，西罗马帝国终于土崩瓦解：西哥特人统治西班牙，东哥特人统治意大利，汪达尔人统治非洲北部，法兰克人和勃艮第人统治高卢；帝国皇帝成了日耳曼人的傀儡。476年9月4日，日耳曼人首领奥多亚克废罗马皇帝罗慕洛，自立为王，西罗马帝国灭亡。长期的、反复的、绵延不断的奴隶、隶农起义和外族入侵，推翻了西罗马的奴隶制统治，从此，西欧各族开始了封建社会阶段。

听筝

李端

鸣筝金粟柱，素手玉房前。
欲得周郎顾，时时误拂弦。

古罗马竞技场

法兰克王国

法兰克王国是5世纪末至10世纪末由日耳曼法兰克人在西欧建立的封建王国。公元481年，克洛维继任萨利克部落酋长后，开始全力向高卢扩张，消灭了法兰克其他酋长的势力。486年，克洛维击溃西罗马在高卢的残余势力，占领高卢大部分地区，建立了墨洛温王朝，以巴黎为首都。部落贵族与亲兵成为封建主，一般法兰克人则成为农村公社中的自由农民。法兰克王国后来成为西欧最强大的国家。751年，宫相“矮子”丕平篡夺王位，开始了加洛林王朝的统治。丕平之子查理在位时，大规模向外扩张。公元800年，查理加冕称帝，其疆域东至易北河和多瑙河，西南至西班牙的埃布罗河，北达北海，南至地中海，并占有意大利大部，称为“查理曼帝国”。843年，帝国分裂为三部分，即后来法国、德国和意大利的雏形。

法兰克骑兵

萨利克法典

萨利克法典发源于法兰克人萨利克部族中通行的各种习惯法，并由此而得名。在公元6世纪初，这些习惯法被法兰克王国国王克洛维一世汇编为法律。萨利克法典是查理曼帝国法律的基础。萨利克法典主要是一部刑法典和程序法典，极其详细地规定了各种违法犯罪应处的赔偿金，其中对于人身伤害、财产损害、偷盗和侮辱的赔偿规定尤为详细，并规定受害者所得的赔偿金的1/3应交给王室。萨利克法典也包括一些民法的法令，其中包括女性后裔不得继承土地的条款。

A：How are your arm?
B：It's better now.Thank you.
A：你的胳膊好些了吗？
B：现在好多了，谢谢。

查理大帝

查理大帝是查理曼帝国的创建者。查理是法兰克王国加洛林王朝建立者“矮子”丕平之子，在他执政的46年间（768～814年），励精图治，使法兰克王国达于鼎盛。查理768年继位后，为了取得影响日益扩大的基督教会的支持，他首先与教皇结盟，强化了统治力量。同时，

他多年对外推行扩张政策，先后发动过 50 多次战争，夺取易北河流域广大土地和西班牙埃布罗河以北土地。9 世纪时，查理曼帝国的版图东起易北河，西至大西洋沿岸，北濒北海，南临地中海，占有西欧大陆的绝大部分，几乎相当于古代西罗马帝国的版图。公元 800 年圣诞节，教皇利奥三世在罗马圣彼得大教堂为查理加冕并涂圣油，称“查理曼”，即“查理大帝”，亦即“伟大的罗马人的皇帝”。由于查理大帝在西方的历史上影响太大，甚至连我们日常所见的扑克牌上都有他的身影，红桃 K 的原型就是查理大帝！

基督教会

基督教会的创始人耶稣

世界上有三大宗教——佛教、基督教、伊斯兰教。基督教的创始人是耶稣，耶稣思想的中心，在于“尽己爱上帝”及“爱人如己”两点。耶稣出来传道，宣讲天国的福音，劝人悔改，转离恶行。他的传道和所行的神迹，在民众中获得热情的回应。这使得罗马帝政下的祭司团大受影响，深深感到自己地位不保，所以要将他除之而后快。后来由于门徒犹大告密，罗马帝国驻犹太的总督彼拉多将耶稣逮捕。耶稣受尽打骂侮辱，最后被钉在十字架上而死。依据他的门徒们的见证，耶稣死后第三天从石窟坟墓中复活了。他的坟墓空了，他又多次向满心疑惑的门徒们现身。他们渐渐确信耶稣真的复活了，是超越死亡的救世主。在耶稣升天后，他的门徒们起来宣扬耶稣的教义，并且宣告他是复活的主。信徒们组成彼此相爱、奉基督之名敬拜上帝的团体，就是基督教会。

拜占廷帝国

拜占廷帝国，即东罗马帝国。拜占廷帝国的中心，就是拜占廷，即君士坦丁堡，也就是今日土耳其的伊斯坦布尔。“拜占廷”这个名字的由来，是由一位希腊人 Byzas 依循神谕，在欧洲与亚洲交界处、陆地与海洋交界的拜占廷找到理想之地，并以自己的名字为其命名。而拜占廷登上世界历史舞台的契机，

君士坦丁大帝

一方面是由于其位居要津，把守博斯普鲁斯海峡，控制了黑海与地中海间海陆交通，另一方面则不得不提到罗马帝国君士坦丁大帝的慧眼独具，他于公元312年夺权成功之后，为了向东拓展罗马帝国的影响力，而选定拜占廷作为新罗马的基督城，并于公元330年5月11日正式迁都拜占廷，改名为“君士坦丁堡”。

查士丁尼的立法

拜占廷皇帝查士丁尼主持编纂的《民法大全》对后世法律特别是对当今西方两大法系——大陆法系和英美法系产生了持久而深远的影响。查士丁尼当政的生涯中，编纂法典是其一项重要的事业，查士丁尼为后世留下了一部经过系统编纂的罗马法法典，即集罗马法之大成的查士丁尼《民法大全》，又称《查士丁尼法典》。它由《查士丁尼民法法典》《查士丁尼法学总论》《查士丁尼学说汇纂》《查士丁尼新律》四部法典组成。

查士丁尼和廷臣

金帐汗国

成吉思汗

提起“汗”这个字，同学们都会想到蒙古的可汗，今天我们就一起来聊聊金帐汗国。公元1223年，蒙古军从中亚进入南俄顿河草原地区，1236年再度侵入，1240年占领基辅，1243年在伏尔加河下游地区建立了金帐汗国，即钦察汗国。其版图西到多瑙河下游，东到今额尔齐斯河，南达高加索，向北临近北极地区。建都萨莱（今伏尔加河下游），成为当时蒙古帝国的四大汗国之一。而从14世纪起，金帐汗国势力衰落。14世纪末，汗国先后败于莫斯科大公和帖木儿大汗。其统治地区分裂为几个小汗国。

文艺复兴

文艺复兴是14世纪在意大利各城市兴起，16世纪盛行于欧洲的一场思想文化运动，带来一段科学与艺术革命时期，揭开了现代欧洲历史的序幕，被认为是中古时代和近代的分界。马克思主义史学家认为文艺复兴是封建主义时代和资本主义时代的分界。西方史学界认为它是古希腊、罗马帝国文化艺术的复兴。文艺复兴运动起源于意大利北部，一般认为其第一个代表人物是但丁，其代表作为《神曲》。另一个代表人物是彼特拉克，他认为古希腊、罗马时代是人性最完善的时代，中世纪压制人性是违背自然的。

文艺复兴时期的艺术

文艺复兴时期，艺术成就最高的分别为达·芬奇、拉斐尔、米开朗基罗。拉斐尔（1483 ~ 1520），意大利画家。他的一系列圣母画像，与中世纪画家所画的同类题材不同，都以母性的温情和青春健美体现了人文主义思想。其中最有名的是《带金莺的圣母》《草地上的圣母》《花园中的圣母》。米开朗基罗（1475 ~ 1564），意大利文艺复兴时期伟大的画家、雕塑家和建筑师，文艺复兴时期雕塑艺术最高峰的代表。1496 年，米开朗基罗来到罗马，创作了第一批代表作《酒神巴库斯》和《哀悼基督》等。1501 年，他回到佛罗伦萨，用四年时间完成了举世闻名的《大卫》。

但丁与《神曲》

但丁，意大利诗人，现代意大利语的奠基者，欧洲文艺复兴时代的开拓者之一，以长诗《神曲》留名后世。恩格斯评价说："封建的中世纪的终结和现代资本主义纪元的开端，是以一位大人物为标志的，这位人物就是意大利人但丁，他是中世纪的最后一位诗人，同时又是新时代的最初一位诗人。"1302 年，黑党在教皇的帮助下取胜，但丁被加上莫须有的罪名，被赶出城邦，开始了近二十年的流放生活。大约在 1307 年，在最痛苦的时候，但丁开始了《神曲》的创作，这是他长期酝酿和构思的一部巨著。但丁说过他写《神曲》的目的是"要使生活在这一世界的人们摆脱悲惨的遭遇，把他们引到幸福的境地"。但丁想寻找意大利民族的出路，渴求祖国和平统一，人民安居乐业，在作品中他表现了他的理想和愿望。《神曲》全长 14000 多行，分为《地狱》《炼狱》《天堂》三部分。每部分 33 歌，加上序曲，共 100 歌。

但丁

《蒙娜丽莎》

画家达·芬奇

莱昂纳多·达·芬奇是意大利文艺复兴时期第一位画家，也是整个欧洲文艺复兴时期最杰出的代表人物之一。他是一位思想深邃、学识渊博、多才多艺的艺术大师、科学巨匠、文艺理论家、大哲学家、诗人、音乐家、工程师和发明家。他在几乎每个领域都作出了巨大的贡献。后代的学者称他是"文艺复兴时代最完美的代表"，是"第一流的学者"，是一位"旷世奇才"。所有的以及更多的赞誉他都当之无愧。壁画《最后的晚餐》、祭坛画《岩间圣母》和肖像画《蒙娜丽莎》是他一生的三大杰作。

中世纪的骑士与《堂吉诃德》

《堂吉诃德》是塞万提斯的代表作，全名为《奇情异想的绅士堂吉诃德·台·拉·曼却》，共两部，分别出版于 1605 年和 1615 年。《堂吉诃德》故意模拟骑士传奇的写法，描述堂吉诃德和他的侍从桑丘的"游侠史"。堂吉诃德这位奇情异想的西班牙绅士是个没落的小贵族或绅士地主，因看骑士小说入迷，自命为游侠骑士，要遍游世界去除强扶弱，维护正义和公道，实行他所崇信的骑士道。他单枪匹马，带了侍从桑丘，出门冒险，但受尽挫折，一事无成，回乡郁郁而死。在这部小说中，作者嘲弄了当时西班牙社会上十分流行的骑士小说。正如作者自己所说："我的愿望无非要世人厌恶荒诞的骑士小说。……使骑士小说立脚不住，注定要一扫而空了。"《堂吉诃德》出版后，骑士文学果真销声匿迹，西班牙从此再未出版过一部骑士小说。塞万提斯的《堂吉诃德》为中世纪骑士奇幻冒险的未来奏起挽歌。

中世纪的欧洲骑士

宝宝从幼儿园放学后，发现家里来了客人——外公、外婆。宝宝小手比画着说："你是太阳，她是狼！"外公、外婆不解地问："谁说的？""老师说的，太阳公公好，给我们阳光，狼外婆狡猾，干了许多坏事！"

哥白尼和"太阳中心说"

哥白尼（1473～1543），波兰天文学家，"日心说"创立者，近代天文学的奠基人。哥白尼经过长期的天文观测和研究，创立了更为科学的宇宙结构体系——日心说，由此否定了在西方统治达1000多年的地心说。日心说经历了艰苦的斗争后，才为人们所接受，这是天文学上一次伟大的革命，不仅引起了人类宇宙观的重大变革，而且从根本上动摇了欧洲中世纪宗教神学的理论支柱。从此自然科学便开始从神学中解放出来，大踏步前进。

哥白尼

麦哲伦的环球航行

麦哲伦航行用的帆船

麦哲伦是著名的葡萄牙航海家，第一次环球航行的倡导者和领导者。1519年8月9日，麦哲伦的船队从西班牙塞维利亚出发，沿瓜达尔基维尔河入海。9月20日，船队离开河口，驶入浩淼无际的大西洋，开始了人类有史以来的第一次环球航行。麦哲伦的环球航行不仅是一次无可比拟的海上大探险，而且在科学史上也有着极其重要的意义。它证明，人类居住的地球的确是一个圆球体，从而最终结束了有关地球形状的无休止争论。麦哲伦的航行也证明世界各大洋都是相通的，而且地球上海洋的面积明显超过陆地面积，从而推翻了陆地大于海洋的误解。

英国女王伊丽莎白一世

英国女王伊丽莎白一世

伊丽莎白一世被普遍认为是英国历史上最杰出的君主。在她当政的45年间，英国的经济繁荣昌盛，文学璀璨辉煌，军事上一跃成为世界首屈一指的海军强国。在她生活的时代，英国国王不是只充当傀儡的角色，因此英国黄金时代所取得的成就中很重要的一部分应归功于她。伊丽莎白由于各方面原因，如政治关系、议会否决等原因而一生未婚，所以又被称为“童贞女王”。

羊吃人的圈地运动

你们听说过羊吃人的故事吗？今天我们就一起来看看羊是怎样吃人的吧！在15世纪以前，英国的生产还是以农业为主，纺织业在人们的生活中还是个不起眼的行业。随着新航路的开辟、国际间贸易的扩大，在欧洲大陆西北角的佛兰德地区，毛纺织业突然繁盛起来，在它附近的英国也被带动起来。毛纺织业的迅猛发展，使得羊毛的需求量逐渐增大，市场上的羊毛价格开始猛涨。英国本来是一个传统的养羊大国，这时除了满足国内的需要外，还要满足国外的需求。因此，养羊业与农业相比，就变得越来越有利可图。这时，一些有钱的贵族开始投资养羊业。养羊需要大片的土地。贵族们纷纷把原来租种他们土地的农民赶走，甚至把他们的房屋拆除，把可以养羊的土地圈占起来。一时间，在英国到处可以看到被木栅栏、篱笆、沟渠和围墙分成的一块块的草地。被赶出家园的农民，则变成了无家可归的流浪者。这就是圈地运动。

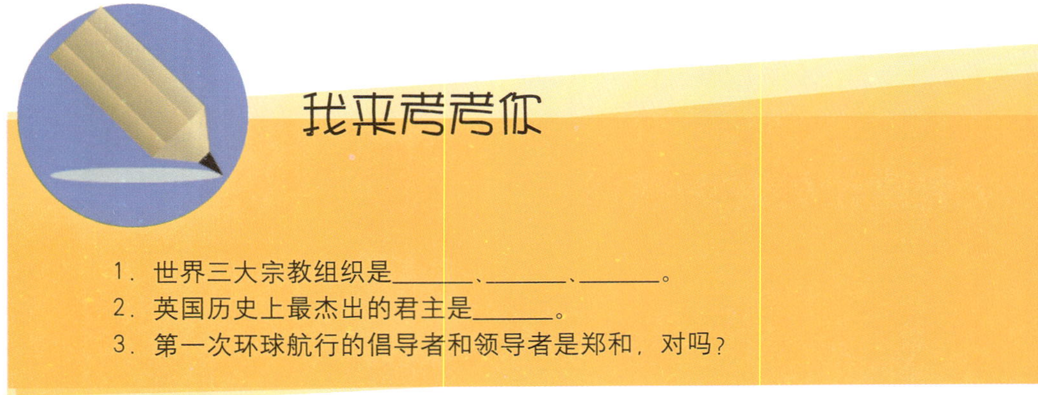

我来考考你

1. 世界三大宗教组织是______、______、______。
2. 英国历史上最杰出的君主是______。
3. 第一次环球航行的倡导者和领导者是郑和，对吗？

亚洲

随着社会的发展，封建制度逐渐代替奴隶制度。亚洲相继出现了一些重要的封建国家。中国最早进入封建社会。亚洲的阿拉伯和奥斯曼土耳其国家，在发展过程中成为庞大的封建帝国。

日本大化革新

公元645年，日本发生了一次宫廷政变，随后进行了“大化革新”。这个事件对日本社会产生了深远的影响。当时统治日本的是皇极女天皇，但她是一个傀儡，国家的实权掌握在大贵族苏我虾夷手中。朝廷中有两人看不惯苏我父子这般猖狂，一个是中大兄皇子，一个叫中臣镰足。后来，他们打败了苏我氏家族。新政府仿照中国唐朝建年号“大化”，仿效中国盛唐封建制国家的形式，展开了一系列的改革：建立中央集权的国家制度，废除贵族奴隶主的世袭特权，多数官吏由国家任命。实行征兵制，军队直属中央指挥。土地收归国有，成为公地。天皇是全国土地的最高所有者，部民（奴隶）归属国家，改称“公民”。过去的贵族不再私家占有土地，而成为政府官吏，从国家那里得到俸禄。仿照中国唐代均田制，实行“班田收授法”。政府对年满六岁的良民，每隔六年授田一次；土地不许买卖，死后必须归还国家，受田人必须承担国家下达的租税和劳役。

中臣镰足

这就是日本历史上著名的“大化革新”。通过大化革新，日本废除了部民制，打击了旧贵族特权，建立了封建国家土地所有制，由奴隶社会进入了封建社会。

武士与幕府

武士就是战士阶层。最顶端的就是将军本身。在他的下面，是大名，控制着大量土地的地主。大名手下是他们自己募集的武士，其中一些是指导教师，一些守卫他的城堡，还有一些组成他的私人军队。最后，还有浪人，就是没有主人的武士。他们不用报答主人，同样也没有稳定的生活来源。浪人可能会定居在特殊的地方，教授技能或从事其他的工作。不过许多浪人会在乡下流浪并寻找有酬劳的工作。一些人也会像雇佣兵一样受雇于出价最高的大名。德川时期日本一共有3000万人，其中大约200万是武士。

诗词贝贝乐

瑶池

李商隐

瑶池阿母绮窗开，黄竹歌声动地哀。
八骏日行三万里，穆王何事不重来。

日本动画片《聪明的一休》中的武士形象

朝鲜壬辰卫国战争

朝鲜古时候被称为“高丽”，因礼仪、风尚等接近中国，曾自称“小中华”，他们除了文化发达，也非常勇敢。16世纪80年代，丰臣秀吉以武力统一日本后，为转移国内矛盾、掠夺国外财富，推行对外扩张政策，企图吞并朝鲜、征服中国、称霸东亚。1592 年 5 月，丰臣乘朝鲜李氏王朝党争内讧、兵备松弛之机，派小西行长、加藤清正等率兵 15 万余人入侵朝鲜。以李舜臣部为主力的朝鲜水师在海上连战皆捷，打乱了日军水陆并进的计划，使侵略军的补给发生困难。各沦陷区民众纷纷组织抗日义兵，开展游击战，打击侵略者。至年底，残余日军或逃或被歼，战争结束。这场战争中，朝鲜也得到了中国明朝的支援。

洋话天天说

A: May I use your scissors?
B: Here you are.
A: Thank you.
A：我能用一下你的剪刀吗？
B：给你。
A：谢谢。

阿拉伯帝国

阿拉伯帝国（632 ~ 1258）是西亚阿拉伯人于中世纪创建的一个伊斯兰封建帝国。唐代以来的中国史书，如《经行记》《旧唐书》《新唐书》《宋史》《辽史》等，均称之为“大食国”（波斯语 Tazi 或 Taziks 的音译），而西欧则习惯将其称作“萨拉森帝国”。

征倭纪功图屏（韩国中央博物馆收藏）

帝国存在了 600 多年，主要有神权共和时期和倭马亚王朝、阿拔斯王朝两个世袭王朝。帝国最强盛的时候，疆域东起印度河和中国边境，西至大西洋沿岸，北达里海，南接阿拉伯海，是继亚历山大帝国和罗马帝国之后又一个地跨亚、欧、非三洲的大帝国。由于其独特的地理位置，阿拉伯帝国的兴起改变了周边许多民族的发展进程，在中世纪的历史上产生了非常重要的影响。

题目：国中之国是指哪一个国家？
答案：梵蒂冈。

中世纪阿拉伯人

穆罕默德与伊斯兰教的创立

穆罕默德大约出生于570～580年，他从小没有受过教育，主要从事放牧一类的劳动。传说在12岁时，他跟随伯父参加一支商队前往叙利亚，归途中遇见了一位基督教隐士贝希拉，隐士说他成年后必须到氏族以外去谋生。结婚以后，穆罕默德的生活发生重大转折，从此摆脱了为人帮佣以维持生计的贫寒窘境。他在35岁时得到了“艾敏”(al-Amin，忠诚可靠者)的称号。从其学说中关于末日和来世的思想、天启和先知的概念，宇宙一神和个人获救的教义，以及许多《圣经》故事和历史传说，可以看出犹太教和基督教对他的影响。麦加的有些“哈尼夫”或许是穆罕默德转向一神信仰的桥梁。

麦加

蒙古西征

蒙古建国后，于公元1219～1260年的四十余年间，先后进行了三次大规模的西征，建立起庞大的帝国，对世界历史的影响既深且远。

第一次西征(1219～1225) 公元1219年，成吉思汗为了肃清乃蛮部的残余势力，以及消灭西域的强国花剌(là)子模，便借口花剌子模杀蒙古商队及使者，亲率20万大军西征。1225年，成吉思汗胜利东归，将本土及新征服的西域土地分封给四个儿子，后来发展为四大汗国。

第二次西征(1235～1244) 公元1227年，成吉思汗在灭亡西夏前不久死去，三子窝阔台继任大汗。窝阔台于1235年派遣其兄术赤之次子拔都，率五十万大军再度西征。西征军很快就彻底消灭花剌子模。不久，蒙古军又大举入侵俄罗斯，攻陷莫斯科、基辅诸城，并分兵数路向欧洲腹心挺进。拔都亲率蒙军主力由中路进入匈牙利，大获全胜，其前锋直趋意大利的威尼斯，全欧震惊，称为“黄祸”。正当西方各国惶惶不可终日之际，拔都忽接到窝阔台驾崩的噩耗，于是急速班师。

肚皮笑笑破

一天，老师对大家说：“我们不能乱吃东西，因为吃熊掌会变熊，吃蛇肉会变蛇。现在你们该知道吃什么了吧。”

同学异口同声地说：“吃人！”

机动作战能力强的蒙古骑兵

第三次西征 (1253 ~ 1260) 蒙哥于 1251 年即大汗位后，令其弟旭烈兀率兵西征。这次西征的主要方向是西南亚地区，头等目标是消灭木剌夷国（在今里海南岸的伊朗北部）。1257 年，蒙军荡平木剌夷之地，并挥师继续西进，攻陷报达（今巴格达），屠杀 80 万人，灭亡历时五百余载的黑衣大食。此后，旭烈兀又率兵攻陷阿拉伯的圣地麦加，攻占大马士革，其前锋曾渡海收富浪（即今地中海东部的塞浦路斯岛）。

伊儿汗国

伊儿汗国 (1256 ~ 1388) 是蒙古四大汗国之一，亦称“伊利汗国”。其领土东起阿姆河和印度河，西面包有小亚细亚大部分地区，南抵波斯湾，北至高加索山。伊儿汗国建国时，西亚和中亚地区早已伊斯兰化。1335 年，不赛因汗逝世后，诸子因争夺王位发生混战，汗国分裂，权臣及各地将领各自拥立傀儡可汗，相继独立，并互相攻杀。14 世纪末期，伊儿汗国为帖木儿帝国所灭。

伊儿汗国

奥斯曼帝国

奥斯曼帝国由土耳其人（即中国史籍所称之突厥人的一支）创立。他们初居中亚，并奉伊斯兰教为国教，后迁至小亚细亚，日渐兴盛。极盛时势力达欧、亚、非三大洲，领有南欧、中东及北非之大部，西达直布罗陀海峡，东抵里海及波斯湾，北及斯洛文尼亚，南及苏丹。自灭亡拜占廷帝国后，定都君士坦丁堡，且以罗马帝国继承人自居。

奥斯曼帝国的银币

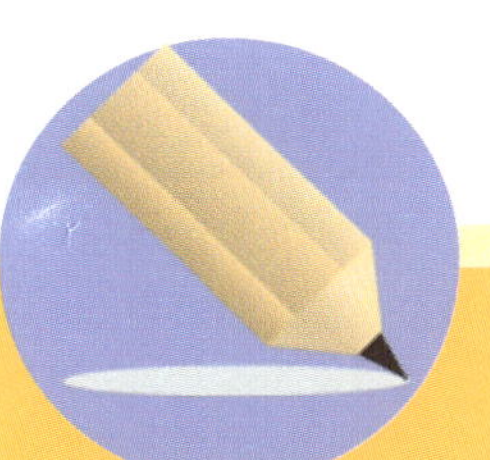

我来考考你

1. 成吉思汗曾经 ________西征。
   A. 一次　　B. 两次　　C. 三次　　D. 四次
2. 朝鲜古时候被称为________。
3. 德川时期日本有 20 万武士，对吗？

第四章 气吞山河的泱泱大国

春秋争霸之后，中国的历史进入了战火纷飞的“战国时代”。战国以后，中国大地上风云变幻，无时不刻都显示出泱泱大国的雄风。小朋友们，让我们一起去感受这大国之风吧！

五霸七雄

同学们，从公元前770年到前476年，历史上称为“春秋时代”。在这290多年间，社会风雷激荡，可以说是烽烟四起，战火连天，形成“春秋五霸”。无数次战争使诸侯国的数量大大减少。到战国时期，七个实力最强的诸侯国就出现了，它们就是齐、楚、燕、韩、赵、魏、秦，这七个国家被称作“战国七雄”。后来，秦国先后征服了其他国家，并灭了周王室，统一了中国。

春秋时期的鼎

春秋五霸

春秋初期，诸侯国有140多个，经过连年兼并，到后来只剩较大的几个。这些大国之间还互相攻伐，争夺霸权。历史上把先后称霸的五个诸侯叫作“春秋五霸”。在历史上，对春秋五霸有两种不同的说法：一说“五霸”是指齐桓公、宋襄公、晋文公、秦穆公和楚庄王；另一说“五霸”是指齐桓公、晋文公、楚庄王、吴王阖闾和越王勾践。诸侯大国争霸，说明了周朝

春秋时期的鸟尊

秋夕
杜牧

银烛秋光冷画屏，轻罗小扇扑流萤。
天阶夜色凉如水，坐看牵牛织女星。

王权的削弱。自公元前770年平王东迁洛邑（今河南洛阳）以后，周朝王室更加衰微。从前是天子统帅诸侯，“礼乐征伐自天子出”。现在这些权力都落到诸侯手里，“礼乐征伐自诸侯出”，新兴地主阶级纷纷起来夺权了。周朝奴隶制处于“礼坏乐崩”的境地。

越王勾践

洋话天天说

A：You don't have to tell me. I know already.
B：I am just trying to remind you.
A：不用你说，我已经知道了。
B：我正要提醒你呢。

同学们一定听说过“卧薪尝胆”这个故事吧，这个故事的主人公就是越王勾践。我们就一起来了解这个发奋图强的国君吧！吴王阖闾（hé lǘ）曾于公元前496年被越军打败，阖闾受伤而死，其子夫差（fú chā）立志报仇。勾践于次年主动攻吴，在夫椒山（今江苏吴县西南）与吴兵发生激战，越兵大败。为了保存力量，勾践退兵至会稽（kuài jī）山（今浙江绍兴南），用范蠡（lǐ）的计策，向吴称臣乞和。勾践归国后，卧薪尝胆，时时不忘灭吴雪耻。他任用范蠡、文种等人，改革内政，休养生息。后来勾践利用夫差北上争霸、国内空虚之机，一举攻入吴国并杀死了吴太子。夫差返国后只得言和。勾践不断举兵伐吴。勾践二十四年，吴都被围三年后城破，夫差自杀。越王勾践终于报了一剑之仇。越王勾践有一把绝世兵刃——越王勾践剑，此剑被当世之人誉为“天下第一剑”。

越王勾践的剑

三家分晋

我们常常听说“分家”一词，在我们中国的历史上，曾经有过一个国家被三个诸侯瓜分的事情，这就是有名的“三家分晋”，让我们一起来看看吧！周威烈王二十三年（前403年），周王封韩、赵、魏三家为侯国。前376年，韩、赵、魏废晋静公，将晋公室剩余土地全部瓜分。因此，韩、赵、魏三国又被合称为“三晋”。作为春秋与战国的分界，三家分晋是历史上具有划时代意义的重大事件。它标志着中国进入封建社会。

三家分晋

李悝

李悝改革

中国进入战国时期后，各诸侯国不遗余力地谋求发展的道路，于是就出现了些许多改革家，李悝（kuī）就是其中的一员。公元前 445 年，魏文侯即位后，魏国力量迅速发展，疆土不断向四边扩展，已经成为中央集权的封建国家。魏文侯四十年（公元前 406 年），魏文侯任用李悝进行改革，在经济上实行“尽地力之教”和“平籴（dí）法”，在政治上采取了一套对新兴地主阶级有利的政策措施。军事上，他创立了常备“武卒”制度，使国家保持强大的军事力量。李悝在全面改革的同时，还广泛收集了春秋末期以来各国法律条文。在此基础上，他编纂了我国历史上第一部系统的封建法典《法经》，用法律形式把封建地主阶级的利益确定下来。李悝的改革不仅使魏国很快富强起来，而且在中国历史上具有重大的意义。

在飞机上，小女孩问空中小姐说：“为什么飞机飞这么高，都不会撞到星星呢？”空中小姐回答：“因为星星会‘闪’啊！”

商鞅

商鞅变法

同学们，我们都知道“取人之长，补己之短”这句话，古人也不例外。公元前 361 年，秦国的新国君秦孝公即位。他下决心要使秦国强大起来，于是下了一道命令，说谁能使秦国强大，就封谁做官。商鞅听到了这个消息，就来到秦国。公元前 356 年，秦孝公任用商鞅，开始改革旧的制度。商鞅变法共进行了两次。经过商鞅变法，秦国的经济得到发展，军队战斗力得到加强，成为战国后期最强大的国家。

百家争鸣

百家争鸣是中国学术发展史上的一个重要阶段，后来很多人仍然用这个词表征思想的活跃。百家争鸣的局面发生在战国时期（前 475 ～前 221），这个时期中国学术高度发展，各种学说纷纷出现。所谓“百家争鸣”，是说诸学派各抒己见、相互辩驳。据记载，至汉代（前 202 年～公元

孔子

220年）初期，以著作形式表述自己学术观点的有189家。汉代史学家将它们分门别类，归为10家，即儒家、道家、名家、法家、墨家、阴阳家、纵横家、杂家、农家和小说家。儒家是在孔子思想基础上发展起来的一派学说。此派提出了“仁”“义”“礼”“智”“信”五大行为规范，主要代表人物有孟子、荀子等。道家是在老子思想基础上发展起来的一个学派，主要代表人物有庄子、列子等。法家是注重以法治国的一个学说派别，主要代表人物有商鞅、韩非等。

我来考考你

1. “仁”“义”“礼”“智”“信”五大行为规范是哪一学派提出来的？
   A. 儒家　　B. 法家　　C. 墨家　　D. 杂家
2. 战国七雄是指______、______、______、______、______、______、______。
3. 齐桓公是春秋五霸之一吗？

大秦帝国

秦始皇

秦国是中国春秋战国时期的一个诸侯国。在春秋早期，秦国是一个比较不显眼的国家，直到秦穆公时代方参与中原争霸，成为仅次于晋国、楚国、齐国的二等强国。就科学技术、文化等等而言，秦在战国初期也比较落后。这个形势一直到商鞅变法才开始改变。从此秦国开始不断强大，逐渐统一中国。

》秦统一中国

公元前237年，秦王嬴政罢黜吕不韦，亲自执政，开始谋划吞并六国的战争。其作战的总方略是由近及远，先取赵国、魏国、韩国，再取燕国、楚国、齐国。公元前236年派王翦率军攻赵，公元前229年灭赵。在秦国攻打赵国时，邻近的韩国惧怕秦军声威，于公元前231年向秦军请降。秦国受降后，把韩地划为颍川郡，韩国亡。公元前225年，秦国任用李信为将率军20万伐楚，结果被楚军打

败。第二年又派王翦率军60万进攻楚国，终于在公元前222年灭楚。公元前225年，秦王派王贲(bēn)率兵攻魏，三个月后魏国亡。公元前222年，王贲又率军攻燕，将燕国灭掉。公元前221年，秦将王贲又率军灭齐。经过20多年的战争，秦国最终灭掉六国，统一了天下。

诗词贝贝乐

陇西行

陈陶

誓扫匈奴不顾身，五千貂锦丧胡尘。
可怜无定河边骨，犹是深闺梦里人。

》壮士一去兮不复还

荆轲刺秦王是一个悲壮动人、传诵千古的历史故事。事情发生在战国末期的公元前227年，即秦统一中国前六年。当时，秦统一全国的趋势已定：韩已被消灭，楚、魏、赵也名存实亡，燕、齐亦危在旦夕。地处赵国东北方的燕国是一个弱小的国家。当初，燕王喜为了结好于秦国，曾将太子丹交给秦国做人质。而秦“遇之不善”，太子丹于公元前232年逃回燕国。为了抵抗强秦的大举进攻，同时也为了报被欺侮之仇，太子丹想派勇士去劫持秦王。但他既不操练兵马，也不打算联络诸侯共同抗秦，却把燕国的命运寄托在刺客身上。他把家产全拿出来，寻找能刺杀秦王政的人。后来，太子丹物色到了一个很有本领的勇士，名叫荆轲。公元前227年，荆轲从燕国出发到咸阳去。临行前，太子丹和宾客穿上白衣，到易水（在今河北易县）边送别。临行的时候，荆轲给大家唱了一首歌：“风萧萧兮易水寒，壮士一去兮不复还。”荆轲到了咸阳。秦王政一听燕国派使者把仇人樊於期的头颅和

荆轲刺秦王（汉画像石）

洋话天天说

A:Look, a rainbow in the sky.
B:Yes, it's red and yellow and pink and green and purple and orange and blue.
A：看，天空中出现了一道彩虹。
B：对，它是七彩的呢。

燕国督亢的地图都送来了，十分高兴，就命令在咸阳宫接见荆轲。荆轲事先将匕首藏在督亢地图里，在献地图时，图穷匕现，荆轲抓住秦王衣袖正要行刺，秦王用力挣脱，混乱中荆轲中剑，行刺归于失败。

第一个皇帝

秦始皇陵兵马俑

秦王政兼并了六国，结束了战国割据的局面，统一了中国。他觉得自己的功绩比古代传说中的三皇五帝还要大，不能再用“王”的称号，应该用一个更加尊贵的称号才配得上他的功绩，就决定采用“皇帝”这个称号。他是中国第一个皇帝，就自称“始皇帝”。他还规定：子孙接替他皇位的按照次序排列，第二代叫“二世皇帝”，第三代叫“三世皇帝”，这样一代一代传下去，一直传到千世万世。

焚书坑儒

题目：你有一桶果冻，其中有黄色、绿色、红色三种，闭上眼睛，抓取两个同种颜色的果冻。抓取多少个就可以确定你肯定有两个同一颜色的果冻？
答案：至少抓两次。

焚书坑儒是秦始皇统一六国后为统制思想文化而采取的两项重大措施。秦王朝确立了专制主义中央集权的封建行政体制后，一些儒生和游士针对时政，引证《诗》《书》和百家语，以古非今。丞相李斯因此提出“焚书”的建议，得到秦始皇的认可。当时所焚之书包括两部分：一是统一前的列国史记，二是百姓私藏的《诗》《书》和百家语；至于秦国的史书、博士官收藏的图书和百姓家藏的医药、卜筮、种树等技艺之书，则不在此列。所禁书籍都必须在30天之内上交地方官府焚毁。次年，又发生了坑儒事件。秦始皇晚年为求长生不老，寄希望于方士寻觅仙药。但因方士侯生、卢生等行骗后逃亡，秦始皇大怒，认为儒生多以妖言惑乱，于是下令御史案问诸生。受株连的儒生达460余人，最后都被活埋于咸阳。焚书坑儒暴露了秦政的暴虐以及当时社会矛盾的日益加剧和统治阶级内部的离心离德，其结果加速了秦朝的灭亡。

焚书坑儒

万里长城

万里长城是中国古代劳动人民智慧和力量的结晶，是人类建筑史上罕见的军事防御工程。许多人以为修筑长城是秦始皇开头的，其实，早在战国时期，这项浩大的工程即已开始。那时，北方匈奴贵族觊觎（jì yú）中原财富，经常南下侵扰。秦始皇统一六国后，决定修筑一条新的长城，以防御匈奴人的侵扰。秦王朝从民间征发大批的民工，同时命令大将蒙恬率士卒来修筑长城。这条长城以六国时的秦、赵、燕国北部的原为防御匈奴而修筑的旧长城为基础，加以修葺、增补，同时又建造了不少新的城墙。秦长城西起临洮，东至辽东，沿广阔的黄河流域，依峻峭的阴山山脉，行经内蒙古草原，蜿蜒曲折，全长约 5000 余公里。

陈胜吴广起义

陈胜、吴广是中国著名的农民起义军领袖，他们领导的起义爆发于秦末，是中国历史上第一次大规模的农民起义。公元前 209 年，秦二世下令征发淮河流域的 900 名贫苦农民去防守渔阳（今北京密云）。雇农出身的陈胜和贫农出身的吴广被指定为屯长。当他们走到蕲（qí）县大泽乡（今安徽宿县西南）的时候，连绵的阴雨把他们阻隔在这里，不能如期赶到渔阳戍地。按照秦法规定，误了期限就要全部被处死。押送他们的两个军尉非常凶暴，陈胜和吴广就借机把军尉杀掉，接着对大家说："各位遇到大雨，都已误期，误期要被处斩。即使我们不被杀，戍边死的也有十之六七。壮士不死则已，如果死，就要干出一番轰轰烈烈的事业来！"他们的话激励了戍卒的斗志。大家推举陈胜为将军，吴广为都尉，提出了"伐无道，诛暴秦"的口号，组成一支农民起义军。中国历史上第一次农民大起义爆发了。陈胜、吴广率领农民起义军，占领大泽乡，攻下蕲县，很快攻占了五六个县城。起义军所到之处，贫苦农民纷纷响应。陈胜、吴广领导的起义军攻占陈县后，建立了"张楚"政权，陈胜为王。这是中国历史上第一个农民革命政权。公元前 206 年，秦王朝在农民起义军的沉重打击下终于灭亡了。

中国 1991 年发行的纪念陈胜、吴广起义的邮票

次北固山下

王湾

客路青山外，行舟绿水前。
潮平两岸阔，风正一帆悬。

巨鹿之战

公元前208年，章邯（hán）击败赵军，赵王退守巨鹿城。章邯以王离部20万人包围巨鹿，巨鹿守军兵疲食少，危在旦夕。楚怀王派兵北上救赵。次年，楚军兵抵安阳，主帅宋义驻兵46日不进，下令军中，不从命者皆斩，项羽出于义愤，斩杀宋义，亲率主力渡过漳水，下令烧毁军营，破釜沉舟，每人只带三日粮，以示誓死决战的决心。至巨鹿城外，将王离军围困。章邯率军迎救，被楚军击退。项羽身先士卒，率楚军连续攻击，九战九捷。诸侯军及城内赵军，亦乘楚军之威，进攻秦军，俘秦大将王离，杀副将苏角，秦将涉间自焚。义军破王离，解巨鹿之围。诸侯共尊项羽为上将军。巨鹿之战是灭秦战争中决定性的一战。其优秀作战指挥艺术和勇猛精神，永远值得后人的称颂和借鉴。

我来考考你

1. 修筑长城是秦始皇开始的吗？
2. 秦国灭了______、______、______、______、______、______，统一天下。
3. 中国历史上第一个农民革命政权是______。

强汉风云

汉朝，是我国历史上一个强大的朝代，叱咤风云的汉武帝刘彻让我们的国家一度达到世界顶峰，我们今天自豪的汉族儿女就是由此产生的，让我们一起走进这个伟大的朝代吧！

寒食

韩愈

春城无处不飞花，寒食东风御柳斜。
日暮汉宫传蜡烛，轻烟散入五侯家。

楚汉之争

霸王举鼎铜像（在江苏宿迁）

同学们你玩过象棋吗？中国象棋中的“楚河汉界”，据说就是从楚汉之争中演变而来的，想知道它的来历吗？就一起来看看“楚汉之争”的历史吧！秦朝末年，伴随着陈胜、吴广领导的农民大起义，也出现许多反秦武装集团。其中项羽和刘邦就是两支主要力量。巨鹿之战后项羽声威大振，拥有了近40万的兵力。而刘邦的兵马却不到10万。公元前206～前202年，刘邦和项羽苦战了5年，大战70余次，小战40余次。刘邦虽一再失败，但由于后方稳固，兵力充足，形势逐渐变得有利起来。项羽曾一度提出和刘邦“中分天下”，以鸿沟（今河南贾鲁河）为界，河东属于楚，河西属于汉（象棋棋盘上的“楚河汉界”由此而来）。公元前203年底，刘邦汇合诸将，合围项羽于垓下（今安徽灵璧县东南）。项羽突围来到乌江（在今安徽和县）边上，见前面茫茫乌江，想起江东起兵以来的经历，万分沮丧，于是拔剑自刎。楚汉之争在中国古代战争史上占有重要地位。名将韩信在战争中显示了其卓越的统帅才能。先还定三秦之战，再破代、攻赵、降燕、伐齐，最后在垓下全歼楚军，其还定三秦之战暗渡陈仓，井陉（xíng）之战背水一战、拔帜易帜，潍水之战以水冲敌、半渡而击，垓下之战四面楚歌、十面埋伏，韬略之丰富，用兵之灵活，为历代兵家所推崇借鉴。

ABC 洋话天天说

A: Which colour do you want to see ?
B: Red.
A：你最想看哪一种颜色？
B：红色。

飞将军李广

李广

同学们，我们都会背这样一首诗：“秦时明月汉时关，万里长征人未还。但使龙城飞将在，不叫胡马度阴山。”这首诗中提到的“飞将军”就是大名鼎鼎的李广。李广，西汉名将，陇西成纪人。公元前 166 年，匈奴大举入侵边关，李广从军，抗击匈奴，在作战中他英勇杀敌，汉文帝特别赞赏他。汉武帝即位，调李广为未央卫尉。四年后，李广率军出雁门关，被成倍的匈奴大军包围。匈奴单于（chán yú）久闻李广威名，令部下务必生擒之。李广终因寡不敌众而受伤被俘。押解途中，他飞身夺得敌兵马匹，射杀追骑无数，终于回到了汉营。“飞将军”称号由此得来。匈奴人闻之丧胆，不敢再轻易进犯汉朝。

卫青和霍去病

我们知道汉朝出了许多大将，卫青和霍去病就是其中两颗最璀璨的星辰，他们还是舅甥关系呢。卫青出身低微，他的父亲是平阳侯曹寿家里当差的。卫青长大以后，在平阳侯家当了一名骑奴。后来，因为卫青的姐姐卫子夫进宫，受到汉武帝的宠幸，卫青的地位才渐渐显贵起来。就在李广在战斗中被匈奴兵俘虏后又逃回的那年，汉军四路人马，三路都失败了，只有卫青打了个胜仗，被封为关内侯；以后，他又接二连三地打败匈奴兵，立了战功。后来，卫青又在与匈奴的战斗中屡建奇功，俘获了 15000 多个俘虏，其中有匈奴的小王 10 多人，狠狠地打击了匈奴的嚣张气焰。汉武帝得到捷报，立刻派使者拿着大将军印，送到军营，宣布卫青为大将军。第二年，匈奴又来进攻，这次他的外甥霍去病也一起随行。霍去病还是第一次出来打仗的小伙子，才做了个校尉。他带领 800 名壮士，组成一个小队，去找匈奴部队。他们向北跑了一阵，一路上没瞧见匈奴兵士，一直赶了几百里路，才远远望见匈奴兵的营帐。他们偷偷地绕道抄过去，瞅准一个最大的帐篷，猛然冲了进去。霍去病眼明手快，一刀杀了一个匈奴贵族。他手下的壮士又活捉了一个。匈奴兵没有了头儿，四散奔逃，800 个壮士追上去又杀了 2000 多匈奴兵，才赶回大营。

卫青墓（在陕西省咸阳市）

战斗结束，霍去病被封为冠军侯。后来汉武帝为了慰劳霍去病，要替他盖一座华宅。霍去病推辞了。他说："匈奴还没消灭，哪儿顾得上安家呢！"（文言是"匈奴未灭，何以家为！"）这忠贞的舅甥俩都为汉朝立下了汗马功劳。

忠贞不屈的苏武

苏武

匈奴自从被卫青、霍去病打败以后，双方有好几年没打仗。匈奴的单于一次次派使者来求和，可是汉朝的使者到匈奴回访，有的却被他们扣留了。汉朝也扣留了一些匈奴使者。公元前 100 年，汉武帝正想出兵攻打匈奴，匈奴派使者来求和了，还把汉朝的使者都放了回来。汉武帝为了回应匈奴的善意，派中郎将苏武拿着旌节，带着副手张胜和随员常惠，出使匈奴。但后来他们被单于扣留，单于想逼迫苏武投降，但苏武始终不从。单于把苏武关在地窖里，不给他吃的喝的，想用长期折磨的办法逼他屈服。这时候正是入冬天气，外面下着鹅毛大雪。苏武忍饥挨饿，渴了，就捧一把雪止渴；饿了，扯一些羊皮片啃着充饥。过了几天，居然没有饿死。单于见折磨他没用，便把他送到北海（今贝加尔湖）边去放羊，还对苏武说："等公羊生了小羊，就放你回去。"公羊怎么会生小羊呢，这不过是说要长期监禁他罢了。苏武到了北海，旁边什么人都没有，唯一和他作伴的是那根代表朝廷的旌节。匈奴不给口粮，他就掘野鼠洞里的草根充饥。日子一久，旌节上的穗子全掉了。苏武出使的时候，才 40 岁。在匈奴受了 19 年的折磨，胡须、头发全白了。回到长安的那天，长安的人民都出来迎接他。他们瞧见白胡须、白头发的苏武手里拿着光杆子的旌节，没有一个不感动的，说他真是个有气节的大丈夫。

张骞通西域

同学们知道丝绸之路吗？下面我就来告诉你。汉武帝初年的时候，匈奴中有人投降了汉朝。汉武帝从他们的谈话中知道一点西域（今新疆和新疆以西一带）的情况，获悉月氏（yuè zhī）与匈奴是仇敌。公元前 138 年，汉武帝就派张骞（qiān）带着一百多个人出发去找月氏，想跟月氏联合对抗匈奴。但是要到月氏，必须经过匈奴占领的地界。张骞他们小心地走了几天，但还是被匈奴兵发现，全都做了俘虏。后来，他们逃出了匈奴地界，没找到月氏，却闯进了另一个叫大宛（yuān）（在今中亚细亚）的国家。大宛和匈奴是近邻，当地人懂得匈奴话。他们见到了大宛王，大宛王早就听说汉朝是个富饶强盛的大国，如今听说汉朝的使者到了，很欢迎他们，并且派人护送他们到康居（kāng qú）（约在今巴尔喀什湖和咸海之间），再由康居到了月氏。月氏被匈奴打败了以后，迁到大夏（今阿富汗北部）附近建立了大月氏国，不想再跟匈奴作战。大月氏国王听了张骞的话，不感兴趣，但是因为张骞是汉朝的使者，所以也很有礼貌地接待了他。张骞在外面足足过了13年才回来。公元前119年，张骞和他的几个副手拿着汉朝的旌节，带着300个勇士，每人2匹马，还带着1万多头牛羊和黄金、钱币、绸缎、布帛等礼物去结交西域各国。历经多年，在张骞的努力下，汉朝和西域各国建立了友好关系。西域派来的使节和商人也络绎不绝。中原的丝和丝织品，经过西域运到西亚，再转运到欧洲，后来人们把这条路线称作"丝绸之路"。

张骞通西域

司马迁写《史记》

中国1986年发行的司马迁纪念银币

苏武出使匈奴的第二年，汉武帝派贰师将军李广利带兵3万，攻打匈奴，打了个大败仗，几乎全军覆没，李广利逃了回来。副将李陵被匈奴逮住，投降了。李陵投降匈奴的消息震动了朝廷。汉武帝把李陵的母亲和妻儿都下了监狱，并且召集大臣，要他们议一议李陵的罪行。汉武帝问太史令司马迁有什么看法。司马迁为李陵开脱。汉武帝听了勃然大怒，就把司马迁下了监狱，交给廷尉审问。让他受了腐刑（阉割）。司马迁认为受腐刑是一件很耻辱的事，他几乎想自杀。但他想到自己有一件极重要的工作没有完成，不应该死。因为当时他正在用全部精力写一部书，这就是我国古代最伟大的历史著作——《史记》。他忍辱求生，整整13年，他终于写出了让全天下人都为之瞩目的《史记》。

题目：汉字的造字方法有哪些?

答案：象形、指事、会意、假借、形声、转注。

王昭君

昭君出塞

王昭君，中国古代四大美女之一，“昭君出塞”的故事让风华绝代的王昭君在历史上据有一席之位。汉元帝时，匈奴呼韩邪（yé）单于来朝，要与汉朝和亲。王昭君久居深宫，觉得面见圣上无望，便主动要求离汉宫去匈奴。汉元帝原认为她毫无姿色，因此同意了她的要求。到了呼韩邪单于与昭君离开的那一天，汉元帝见王昭君丰容盛饰，美冠汉宫，不禁大吃一惊。他本想留下她，可是怕失信于人，只好忍痛割爱，让王昭君出塞和亲。昭君到了匈奴后，生儿育女，过上了幸福美满的日子。汉元帝事后对画工毛延寿大为恼火，就杀掉了毛延寿。王昭君出塞和亲，对汉边疆的安宁起了积极的作用。

王莽改制

小朋友们，王莽可不是一个一般的人物，他夺取汉朝政权建立新朝后，就下令对旧的制度进行改革，历史上把这次改革称为“王莽改制”。他针对当时的土地和奴婢问题，下令天下的土地一律改称“王田”，天下的奴婢一律改称“私属”，都不许买卖。男丁不足8人而土地超过一井（900亩）的人家，把多出来的土地分给九族、邻里、乡党。无田者按一夫百亩的标准受田。有敢违抗者，流放四夷。但由于地主、官僚的反对，这一解决当时社会矛盾的尝试失败。在政治制度方面，王莽把中央和地方的官名、官制、郡县名和行政区划都加以改变，还恢复五等爵，滥加封赏。王莽改制引起社会混乱，农民起义和西汉宗室旧臣反对新朝的斗争不断发生。更始元年（公元23年），王莽政权在起义农民的打击下彻底崩溃。

王莽时期钱币

绿林赤眉起义

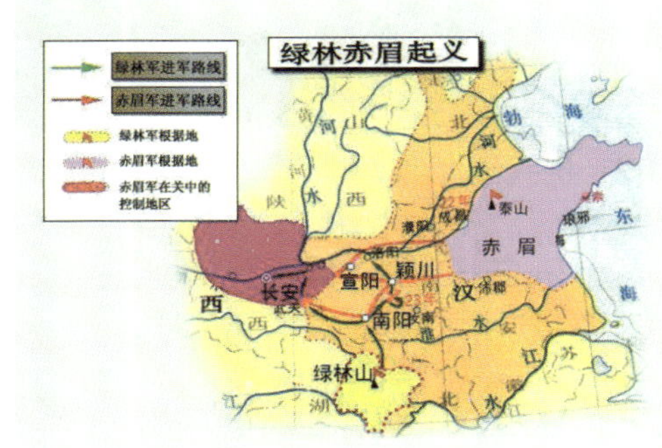

绿林赤眉起义

小朋友们，在湖北京山有一个地方名叫“绿（lù）林”，在那里曾经发生过大规模的农民起义。今天我们就一起来了解一下吧！王莽的残酷压榨，加上一连串的天灾，逼得农民走投无路，纷纷起义。公元17年，南方荆州闹饥荒，老百姓不得不到沼泽地区挖野荸荠充饥。人多野荸荠少，引起了争夺。新市（今湖北京山东北）有两个有名望的人，一个叫王匡，一个叫王凤，出来给农民调解，受到农民的拥护。大家就公推他们当首领。王匡、王凤就把这批饥民组织起来起义，一下子就聚集了好几百人，还有一些逃亡的犯人也来投奔他们。王匡他们占领了绿林山（今湖北大洪山）作为根据地，拉起了起义的大旗。王莽派了 2 万官兵去围剿绿林军，被绿林军打得大败而逃。绿林军趁势攻下了几座县城，打开监狱，放出囚犯；把官家粮仓里的粮食一部分分给当地穷人，大部分搬到绿林山。投奔绿林山的穷人越来越多，起义军增加到 5 万多。这时候，另一个起义领袖樊崇带领几百个人占领了泰山。樊崇叫他的部下都在自己的眉毛上涂上红颜色，作为识别的记号。这样，樊崇的起义军得了一个别名，叫“赤眉军”。

›› 张衡和地动仪

中国 1953 年发行的地动仪特种邮票

张衡是东汉时期著名的科学家。17 岁那年，他离开家乡南阳，先后到了长安和洛阳，在太学里用功读书。他特别爱好数学和天文。张衡后来担任了太史令，负责观察天文。这个工作正好符合他研究的兴趣。那个时期，经常发生地震。发生一次大地震，就影响到很多地方，城墙、房屋倒塌，还死伤许多人畜。当时的封建帝王和一般人都把地震看作是不吉利的征兆，有的还趁机宣传迷信思想，欺骗民众。但是，张衡却不信神，不信邪，他对记录下来的地震现象进行了细心的考察，发明了一个测报地震的仪器，叫作“地动仪”。 地动仪是用青铜制造的，形状有点像一个酒坛，四围刻铸着八条龙，龙头向八个方向伸着。每条龙的嘴里含着一颗小铜球；龙头下面，蹲了一个铜制的蛤蟆，对准龙嘴张着嘴。哪个方向发生了地震，朝着那个方向的龙嘴就会自动张开来，把铜球吐出。铜球掉在蛤蟆的嘴里，发出响亮的声音，由此便可测出发生地震的方向。

三分天下

东汉末年，宦官当政，政治腐败，经济萧条，加上少数民族的入侵和叛乱，时局动荡不安，致使中央对地方的控制能力减弱，于是出现了曹操、吕布、袁绍这样的军阀。他们相互征战不休，中央政府名存实亡。后曹操、刘备、孙权先后称帝，东汉灭亡，魏、蜀、吴三国鼎立开始。

中国 1996 年发行的官渡之战金币

以少胜多的官渡之战

官渡之战发生于建安五年（公元200年），是东汉末年曹操和袁绍两支力量争夺中原的关键性战役。袁绍是东汉末年显赫的世族豪强，袁绍自恃兵多粮足，骄傲轻敌，不听谋臣田丰提出的“内修农战，外结英雄，拖垮曹操”的建议，执意与曹操决战，以直捣许昌，劫夺汉帝。建安五年，两军对垒于许昌北面的官渡，袁绍有精兵10万，战马万匹，曹操不过三四万人。袁绍主力依沙堆扎营，东西数十里，欲一举打垮曹军。曹军先是坚壁不出，后从谋士荀攸(yōu)之议，以声东击西之计，斩袁军大将颜良、文丑。随之双方对峙了数月。袁绍多次坐失良机，内部分裂。曹操则审时度势，采取机动灵活的战术，果断捕捉战机。建安五年十月，袁绍谋士许攸投奔曹操，泄袁军囤积粮草于乌巢之密。曹操亲自率领精骑5000，打袁军旗号，夜袭乌巢，杀死守将淳于琼，大败援军，烧毁万余车军粮。袁绍败北。这场战役，曹操以少胜多，奠定了统一北方的基础。

中国澳门2001年发行的《三顾茅庐》邮票

诸葛亮隆中对

诸葛亮是我国古代杰出的政治家、军事家。他先后辅佐刘备、刘禅(shàn)父子，为创立蜀汉基业、为“兴复汉室”统一天下的大业，北伐曹魏，耗尽了毕生精力。诸葛亮在辅佐刘备、刘禅父子过程中取得的业绩和忠于蜀汉的“鞠躬尽瘁，死而后已”的精神，受到历代人们的称颂。而诸葛亮这一切成就的取得，都与其著名的《隆中对》（也称《草庐对》）的战略决策有着十分紧密的联系。《隆中对》是诸葛亮洞察东汉末年时代风云的杰作，是蜀汉政权的建国方略，同时也是诸葛亮善于审时度势，决策北伐的战略方针。

以弱胜强的赤壁之战

赤壁之战是东汉建安十三年（公元208年），吴国的孙权、蜀国的刘备统领军队在赤壁（今湖北蒲圻西北，一说在嘉鱼东北）一带大败曹操军队的一次著名决战。

赤壁之战，曹操在有利形势下，轻敌自负，指挥失误，终于导致战败。孙权、刘备在强敌进逼关头，结盟抗战，扬水战之长，巧用火攻，以弱胜强。此战为后来魏、蜀、吴三国鼎立奠定了基础。

刘备

刘备进益州

赤壁之战后，周瑜只把长江南岸的土地交给刘备管。刘备认为分给他的太少了，很不满意。刘备想开辟新的地盘。按照诸葛亮的计划，刘备本来是要向益州发展的。正好在这个时候，益州的刘璋派人请刘备来了。原来，益州牧刘璋手下有两个谋士，一个叫法正，一个叫张松，两个人是好朋友，都是很有才干的人。他们认为刘璋庸碌无能，在他手下干事难有出息，想谋个出路。法正到了荆州见到刘备，刘备很热情地接待他，同他一起谈论天下形势，谈得十分融洽。法正一回到成都，就和张松秘密商议，想把刘备接来做益州的主人。刘备听从了法正、庞统的劝说，就派诸葛亮、关羽留守荆州，自己带领人马到益州去。后来，张松作内应的事被刘璋发现了。刘璋把张松杀了，布置人马抵抗刘备。刘备带领人马向成都进军，打到雒城（今四川广汉北，雒音 luò）。刘备攻破雒城后，进攻成都。诸葛亮也带兵从荆州赶来会师。刘璋守不住，只好投降了。于是，刘备就大大方方地进入了益州。

吕蒙白衣渡江

白衣渡江是三国史上最成功、最经典的偷袭战之一。白衣实际上就是指身着便装。这是吕蒙和陆逊共同策划的针对当时最负盛名的大将关羽的一次大阴谋。先是吕蒙抱病，推荐陆逊接手军队事务。陆逊年少，关羽不把他放在眼里。再加上陆逊写信示弱，关羽为人骄横，自然落到了这个圈套之中。接着，关羽将荆州守军调往前线攻打曹操。吕蒙率江东军士白衣渡江，奇袭荆州，取得成功。

关羽腹背受敌，重夺荆州无望，只得率领残兵退守麦城。最终因援尽粮绝，被俘被杀。

关羽（手持青龙偃月刀）

陆逊火烧连营

孙权占领荆州，杀了关羽，对刘备的打击实在太大了。他称帝仅三个月，就在蜀汉章武元年（公元 221 年）七月亲率大军东征孙权。东吴要求重修旧好，刘备自然听不进去，继续领兵东进。蜀军进至猇亭（今湖北宜都北），在此设立大本营，先头部队到达夷道（今湖北宜都），包围了孙权侄儿孙桓统率的吴军。吴军不少将领要求迎击，陆逊考虑到蜀军东下，又居高临下，很难攻破，所以拒绝，

陆逊

反而令吴军退出崇山峻岭，使蜀军的战线拉得很长，而将自己的部队集中在猇（xiāo）亭地区。孙桓屡次派人要求支援，陆逊就是按兵不动。刘备在夷陵（今湖北宜昌东南）东西一线安下许多营寨，不断挑战，陆逊置之不理，只管坚守。双方在猇亭地区对峙了半年多。蜀军的粮道要经过崇山峻岭地区，运输十分困难。这时刘备又放弃“水陆俱进”的原计划而令所有军队在山林中安营扎寨。陆逊找到了蜀军的弱点，于是决定发起反攻。他命令士兵每人带一把茅草，在到达蜀军营垒时边放火边猛攻，连破 40 余营。刘备率领残兵败将登上马鞍山据守，陆逊立即集中军力四面围攻，杀了蜀军 1 万多人，只有刘备带领少数人马，乘夜突出重围，逃到白帝城，不久病死。猇亭之败，令蜀汉元气大伤。

三国鼎立

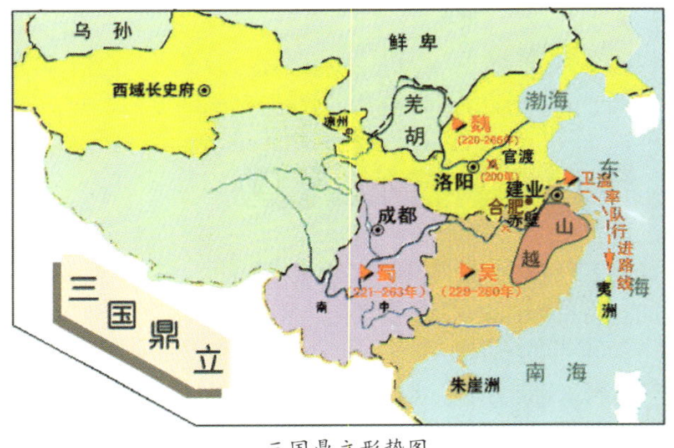

三国鼎立形势图

东汉延康元年（220）正月，曹操死；十月，子曹丕称帝（即魏文帝），国号魏，都洛阳，年号黄初。221 年，刘备在成都称帝（即汉昭烈帝），国号汉，世称蜀，又称“蜀汉”，年号章武。孙权于 221 年接受魏国封号，在武昌称吴王。222 年，蜀军出三峡与吴军相持于夷陵，猇亭一战，被吴将陆逊击败，退回蜀中。229 年，孙权在武昌称帝（即吴大帝孙权），后迁都建业（今江苏南京），建立吴国。猇亭之战以后不久，蜀、吴恢复结盟关系，共抗曹魏。南北之间虽然还常有战事发生，有时规模还比较大，但是总的说来，力量大体平衡，鼎足之势维持了四十余年之久。

七擒孟获

建兴三年（225），诸葛亮亲率大军分三路征南中（蜀汉以巴蜀为根据地，其地在巴蜀之南，故名），南中内部混乱，孟获代立为首领。诸葛亮以孟获在当地夷、汉人中威望甚高，乃采马谡“攻心为上”的战略。设下计谋将孟获生俘，然后再放掉。抓住七次，放走七次。孟获于是心服口服。当年秋，南中四郡都平定了。诸葛亮大量起用当地少数民族的上层分子为官，孟获为御史中丞。从此，南方无大乱。

扶不起的阿斗

刘阿斗乐不思蜀

邓艾灭了蜀汉以后，后主刘禅还留在成都。司马昭觉得让后主留在成都总不大妥当，就派他的心腹贾充把刘禅接到洛阳。刘禅本来是一个昏庸无能的人，诸葛亮在世的时候，全靠诸葛亮掌管着军政大事，他从不操心。诸葛亮死后，蜀汉的政治就越来越糟。有一次，司马昭大摆酒宴，请刘禅和原来蜀汉的大臣参加。宴会中间，还特地叫了一班歌女演出蜀地的歌舞。一些蜀汉的大臣看了这些歌舞，想起了亡国的痛苦，伤心得掉下眼泪。只有刘禅咧着嘴看得挺着迷，就像在他自己的宫里一样。刘禅的昏庸无能在历史上出了名，后来，人们常用“扶不起的阿斗”（刘禅小名阿斗）比喻那种懦弱无能、没法使之振作的人。

曹植七步成诗

同学们一定都背过这样一首诗：“煮豆燃豆萁，豆在釜中泣。本是同根生，相煎何太急？”这首诗相传是曹植在七步之内写出来的，我们一起来看看吧！曹丕和曹植本是亲兄弟，曹植少年时就很聪明，能出口成章，下笔千言。曹丕当了皇帝以后，怕曹植威胁自己的地位，想加害曹植，有一次，他让曹植在七步之内做成一首诗，否则就把他处死。曹植应声而起，没走到七步就作好了诗。在这首诗中，曹植把自己比喻成锅里的豆子，把曹丕比喻成锅下面的豆秸。豆子和豆秸本来是生长在同一根上，现在豆秸却在锅下面燃烧，煎熬锅里的豆子，而锅里的豆子无力反抗。曹植用这个比喻，暗指我与你是亲生兄弟，应该是骨肉情深，真诚相待，但现在却是骨肉相残。

中国1994年发行的曹植邮票

文姬归汉

文姬，指蔡文姬，是东汉著名学者蔡邕的女儿。史书上说她“博学有才辩，又妙于音律”。初嫁河东人卫仲道，夫亡后归居家中。时值天下动乱，四处交兵。董卓在长安被杀后，其父蔡邕因为董卓受到牵连获罪，为司徒王允所囚，并被处死狱中。蔡文姬于兵荒马乱中为董卓旧部胡兵所掳，流落到南匈奴左贤王部，在胡12年，生有2子。建安中，随着曹操军事力量的不断强大，吕布、袁绍等割据势力的逐步削平，中国北方遂趋于统一。在这一历史条件下，曹操出于对故人蔡邕的怜惜与怀念，“痛其无嗣”，乃遣使者以金璧将蔡文姬从匈奴赎回国中，

文姬归汉图

重嫁给陈留人董祀，并让她整理蔡邕所遗书籍四百余篇，为中国文化的传播作出了贡献。这就是历史上有名的“文姬归汉”的故事。

我来考考你

1. 白衣渡江的白衣指的是什么？
2. 孟获被________擒过七次。
3. 历史上的三国是指________、________、________。

南北对峙

魏晋南北朝是中国历史上政权更迭最频繁的时期。魏晋南北朝可分为三国、两晋和南北朝三个时期。从公元190年军阀混战算起，到公元589年陈朝灭亡为止，共历时400年。

八王之乱

“八王之乱”是西晋时统治集团内部历时16年（291～306）之久的战乱。战乱参与者主要有汝南王司马亮、楚王司马玮、赵王司马伦、齐王司马冏、长沙王司马乂（yì）、成都王司马颖、河间王司马颙（yóng）、东海王司马越等八王。太熙元年（290）晋武帝临终时命弘农大姓出身的车骑将军、杨皇后的父亲杨骏为太傅、大都督，掌管朝政。继

送上人
刘长卿

孤云将野鹤，岂向人间住。
莫买沃洲山，时人已知处。

洋话天天说

A: Which is your favourite children's card?why?
B: I like this, because I like going to the moon.
A：你最喜欢的儿童节卡片是哪一张？为什么？
B：我喜欢这张，因为我想去月球。

立的晋惠帝是个白痴，即位后，皇后贾南风（即贾后）为了让自己的家族掌握政权，于元康元年（291）与楚王玮合谋，发动禁卫军政变，杀死杨骏，而政权却落在汝南王亮和元老卫瓘（guàn）手中。贾后的政治野心未能实现，当年六月，又使楚王玮杀汝南王亮，然后反诬楚王玮矫诏擅杀大臣，将玮处死。贾后遂执政，于元康九年废太子遹，次年杀之。从此，诸王为争夺统治权，展开了极其凶残的内战，史称“八王之乱”。直到公元306年，东海王司马越杀了成都王司马颖和河间王司马颙，不久又毒死晋惠帝，另立惠帝的弟弟司马炽为帝，也就是晋怀帝。司马越独揽朝廷大权，至此，“八王之乱”宣告结束。

闻鸡起舞

中国1955年出版的《祖逖》连环画

晋代的祖逖（tì）是个胸怀坦荡、具有远大抱负的人。祖逖24岁的时候，曾有人推荐他去做官，他没有答应，仍然不懈地努力读书。后来，祖逖和幼时的好友刘琨一同担任司州主簿。他与刘琨感情深厚，不仅常常同床而卧，同被而眠，而且还有着共同的远大理想：建功立业，复兴晋国，成为国家的栋梁之才。一次，祖逖在睡梦中听到公鸡的鸣叫声，他一脚把刘琨踢醒，对他说：“别人都认为半夜听见鸡叫不吉利，我偏不这样想，咱们干脆以后听见鸡叫就起床练剑如何？”刘琨欣然同意。于是他们每天鸡叫后就起床练剑。春去冬来，寒来暑往，从不间断。功夫不负有心人，经过长期的刻苦学习和训练，他们终于成为能文能武的全才，既能写得一手好文章，又能带兵打仗。后来，祖逖被封为镇西将军，实现了他报效国家的愿望；刘琨做了都督，兼管并、冀、幽三州的军事，也充分发挥了他的文韬武略。

王羲之写字换鹅

王羲（xī）之是我国历史上最著名的大书法家，人们尊称他为“书圣”。他写的字，在当时就享有盛名，被人们视为珍品，至今仍是我国书法艺术的极宝贵的遗产。王羲之苦练书法的故事，历来为人们称赞不已。

据说，绍兴有个道士想请王羲之写一本《道德经》，怕王羲之不答应，便想了个巧妙的办法。他听说王羲之最喜欢白鹅，常常摹仿鹅掌划水的动作，来锻炼自己的手腕，使手腕运起笔来更加强劲而灵活。于是他就去买来几只小鹅，用心地加以喂养。几个月以后，鹅长大了，全身羽毛洁白丰满，十分可爱。道士故意把鹅放在王羲之时常经过的地方。一天，王羲之经过那里，看见这些羽毛洁白、姿态秀丽的鹅，心里有说不出的高兴。王羲之后来听说道士要用鹅换他的字，满口答应，他很快写好一本《道德经》，交给道士，带走了一笼白鹅。“书成换白鹅”的佳话，就是这样来的。

王羲之《兰亭集序》摹本

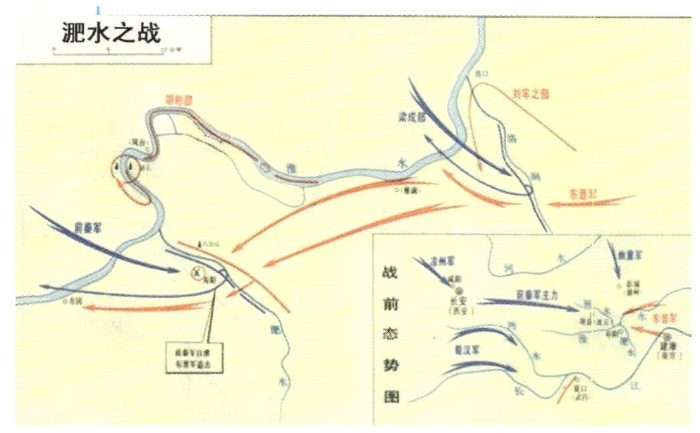

淝水之战示意图

淝水之战

淝水之战是我国历史上著名的战役，发生在公元383年（东晋太元八年）。这场战争是我国历史上以少胜多、以弱胜强的著名战役。当时秦晋两军隔淝水为阵，晋军主帅谢玄采用激将法，派人对秦军主帅苻（fú）融说：请秦军稍向后退，在淝水岸边让出一片战场，以便两军决战。当时秦军诸将都认为应坚守淝水，不让晋军过河。但秦国君主苻坚却认为可以铁骑数十万向水逼近而杀之。苻融按照苻坚的命令，号令三军后退，不料命令一下，全军立即骚动，人心惶惶，早对秦统治不满的秦将朱序又在阵后大呼：“秦军败矣！”于是，苻坚的几十万大军不战自溃。谢玄指挥8000晋军乘机渡河，挥刀砍杀，秦军争相逃命，苻融企图稳住阵脚，但在混乱中落马被晋军杀死。秦军大败。苻坚也身中流箭，单骑逃回淮北，这时百万大军只剩10余万残兵了。至此，苻坚南侵的美梦彻底破灭，回到长安，不久也就国灭身亡。而八公山下“风声鹤唳，草木皆兵”，则成为战争史上的奇观，为后人所传颂。

题目:一个经理有三个女儿，三个女儿的年龄加起来等于 13，三个女儿的年龄乘起来等于经理自己的年龄，有一个下属已知道经理的年龄，但仍不能确定经理三个女儿的年龄，这时经理说只有一个女儿的头发是黑的(标准中国人)，然后这个下属就知道了经理三个女儿的年龄。请问三个女儿的年龄分别是多少?

答案：三个女儿的年龄应该是 2、2、9。

解析：因为只有一个孩子黑头发，即只有她长大了，其他两个还在幼年时期即小于 3 岁，头发为淡色。再结合经理的年龄应该至少大于 25。

》陶渊明不折腰

东晋时，在柴桑地方，有一位出名的诗人，名叫陶渊明，因为看不惯政治腐败，在家乡隐居。陶渊明的曾祖父是东晋名将陶侃，虽然做过大官，但不是士族大地主，到了陶渊明这一代，家境已经很贫寒了。陶渊明从小喜欢读书，不想求官，家里穷得常常揭不开锅，但他还是照样读书作诗，自得其乐。他家门前有五株柳树，他给自己起了个别号，叫“五柳先生”。

陶渊明向来看不惯那些作威作福的官员。有一次郡守派督邮（郡守之下管监察的官员）前来巡视，陶渊明一听小吏说还要穿起官服行拜见礼，他叹了口气说：“我可不愿为了这五斗米官俸，去向那号小人打躬作揖！”（即“不为五斗米折腰”）说着，他也不去见督邮，索性把身上的印绶解下来交给小吏，辞职不干了。

》大发明家祖冲之

从宋孝武帝即位之后，宋王朝很快就衰落了。在这个时期，却出了一个杰出的科学家祖冲之。祖冲之从小就读了不少书，人家都称赞他是个博学的青年。他特别爱好研究数学，也喜欢研究天文历法，经常观测太阳和星星运行的情况，并且作了详细记录。

宋孝武帝听到他的名气，派他到一个专门研究学术的官署“华林学省”工作。他对做官并没有兴趣，但是在那里可以更加专心研究数学、天文。我国历代都有研究天文的官，并且根据研究的结果来制定历法。到了宋朝的时候，历法已经有很大进步，但是祖冲之认为还不够精确。他根据长期观察的结果，创制出一部新的历法，叫作“大明历”（“大明”是宋孝武帝的年号）。这种历法测定的每一回

大洋洲国家密克罗尼西亚发行的祖冲之纪念邮票

归年（也就是两年冬至点之间的时间）的天数，跟现代科学测定的相差只有50秒；测定月亮环行一周的天数，跟现代科学测定的相差不到一秒，可见它的精确程度了。

肚皮笑笑破

小张有个女儿才五岁，一天他带她去参加一个婚宴。她突然要小解，就大声对小张说出，周围的人都听到了，小张觉得很没面子。回家后就对女儿说，“以后再要小解就说要唱歌”。一天晚上，女儿又要小解了，就对他说“我要唱歌”。小张说，“这么晚了，唱什么歌？”女儿急得哭了，小张只好安慰道：“好了好了，你就对着我的耳朵小声唱吧！”

汉字字体中的魏碑体产生于北魏

孝文帝改革

公元471年，北魏孝文帝继位后，北魏进行了班俸禄、行均田、立三长三大改革。“行均田”指实行均田制，规定凡男子15岁以上分给露田（不种树的田）40亩，女子20亩，奴婢也同样受田，种麻的地方还授给麻田；除露田、麻田外，还授给桑田，限种桑、榆、枣，桑田可传子孙，露田死后归还官府。北魏初期，三五十家成一户，户口往往掌握在豪强手中，对政府很不利。太和十年（486），政府下令设立党、里、邻三长，五家立一邻长，五邻立一里长，五里立一党长，称为“三长制”。魏孝文帝用均田制与豪强争夺人口，扶助荫附，限制使用奴隶。三大改革促进了北魏经济发展。

梁武帝陵前石刻（名叫辟邪，在今江苏省南京市）

梁武帝做和尚

梁武帝在建康（今江苏南京）建造了一座规模宏大的同泰寺，每天早晚到寺里去烧香拜佛，讲解佛法，说这样做是为了替百姓消灾积德。他到了年老的时候，所作所为更加荒唐。有一次，他到同泰寺“舍身”，也就是要出家做和尚。梁武帝做了四天和尚，宫里的人把他接回去了。后来他一想，这样做不妥当。因为按当地的风俗，和尚还俗，要出一笔钱向寺院“赎身”。皇帝当了和尚，怎么能够例外。第二次，他又到同泰寺舍身，大臣们请他回宫，他就不答应了。后来，大臣们懂得他的意思，就凑了一万万钱到同泰寺给这位“皇帝菩萨”赎身。他先后四次入住寺庙。梁武帝热心做和尚，把朝廷大事弄得混乱不堪。有个野心家就利用他的昏庸，发动了一场空前的大叛乱。

梁武帝的书法

陈后主亡国

陈后主陈叔宝（553～604）是陈朝最后一个皇帝。在他统治时，陈的政治日趋腐败。陈叔宝荒于酒色，不理政事，日与江总、陈暄、孔范等所谓“狎客”10余人游宴后庭，制作艳诗。又大建宫室，滥施刑罚，对于一衣带水的强大隋朝毫无防备。祯明二年（588），隋以晋王杨广为元帅，率51万士兵南下。陈叔宝仗着长江天险，不把这危急时刻放在心上。第二年正月，隋军分道攻入建康，陈后主与张贵妃、孔贵人避入井中被俘，陈国灭亡。

我来考考你

1. 喜欢当和尚的皇帝是________。
2. 司马冏是八王之乱的参与者吗？
3. 闻鸡起舞的主人公是________。

隋唐演义

魏晋南北朝时中国长期分裂，最后北周灭北齐统一北方，杨坚是北周外戚，他夺取了北周政权，建立隋朝，是为隋文帝。继位的隋炀帝荒淫无道，隋朝很快就灭亡了。隋朝虽然仅有38年，但其政治制度多为唐沿袭，影响深远，故合称“隋唐”。下面让我们走进隋唐，看看都发生了哪些历史事件。

诗词贝贝乐

送别
王维

山中相送罢，日暮掩柴扉。
春草年年绿，王孙归不归。

隋炀帝游江都

隋炀帝画像（选自唐代画家阎立本《历代帝王图》）

隋炀帝杨广即位后，为了加强对全国的控制，使江南地区的物资能够更方便地运到北方来，加上他追求享乐，一开始就办了两件事：一是在洛阳建造一座新的都城，叫东都；二是开一条贯通南北的大运河。公元605年，隋炀帝派管理建筑工程的大臣宇文恺（kǎi）负责营造东都。在建造东都的同一年，隋炀帝下令征发河南、淮北各地百姓100多万人，从洛阳西苑到淮水南岸的山阳（今江苏淮安），开通一条运河，叫“通济渠”；又征发淮南百姓10多万人，对春秋时期吴王夫差开的邗（hán）沟（从山阳到江都）进行疏通。以后5年里，隋炀帝又两次征发民工，开挖运河，一条是从洛阳的黄河北岸到涿郡（今北京市），叫“永济渠”；一条是从江都对岸的京口（今江苏镇江）到余杭（今浙江杭州），叫“江南河”。最后，把四条运河连接起来，就成了一条贯通南北、全长2000公里的大运河。这条大运河是我国历史上的伟大工程之一。隋炀帝特别喜欢外出巡游，从东都到江都的运河刚刚完工，隋炀帝就带着20万人的庞大队伍到江都去巡游。

洋话天天说

A：There was a farmer who had a dog.
B：Oh, that's great.
A：有位农场主有只狗。
B：哦，太好了。

李密牛角挂书

李密牛角挂书铜雕

李密在少年时发奋学习，上进心很强，他打听到缑山（gōu，在今河南偃师）有一位名士包恺，就前去向他求学。李密骑上一头牛出发了，牛背上铺着用蒲草编的垫子，牛角上挂着一部《汉书》。李密一边赶路一边读《汉书》中的《项羽传》，正巧隋朝大臣越国公杨素骑着快马从后面赶上来，勒住马赞扬他：“这么勤奋的书生真是少见呵！”少年书生回过头来，一见是杨素，赶紧从牛背上跳下来行礼。一老一少在路边上交谈起来，李密谈吐不俗，杨素深深感到他不同寻常。果然，李密后来成了隋末农民起义队伍瓦岗军的首领。

瓦岗军开仓分粮

瓦岗军首领翟让，招集了一些贫苦农民，组织了一支起义队伍。当地一些青年人听到这个消息，都来投奔他。其中有一个青年叫徐世勣（jī），当时只有17岁，不但武艺高强，而且很有计谋。翟让听从徐世勣的意见，带领农民军到荥阳一带，专门打击官府、富商，夺取大批资财。附近农民来投奔翟让的越来越多，很快就发展到一万多人。李密投奔翟让以后，帮助翟让整顿人马。那时候，附近各地还有一些小股的农民队伍。李密到各处去联络，说服他们联合起来，听从翟让指挥。兴洛仓也叫作“洛口仓”，是隋王朝建造的最大的一个粮仓。仓城周围10多公里，城里挖了3000个大窖，每个窖里贮藏着8000石粮食。翟让、李密两人带7000名精兵攻打兴洛仓。这些兵士原是流离失所的农民，一听要攻打官府的粮仓，个个摩拳擦掌，勇气百倍。他们向兴洛仓发起猛攻。驻守在兴洛仓的隋军还想顽抗，但是怎么也抵挡不住像插翅猛虎一般的瓦岗军。兴洛仓被攻破了。瓦岗军攻破兴洛仓以后，立刻发布命令，开仓分粮。兵士们打开一口口粮窖，让老百姓尽情地拿。忍饥挨饿的农民从四面八方拥向粮仓，一个个眼里闪着激动的泪花，前来领粮。大伙对瓦岗军的感激心情，就不用提了。

瓦岗军开仓放粮

李渊太原起兵

大业十一年（615年），李渊为山西、河东慰抚大使，后为太原留守，成为权倾一方的封疆大吏。此时，农民起义烽火已燃遍全国各地，以摧枯拉朽之势瓦解

题目：有四个装药丸的罐子，按道理每个药丸的重量都是一定的，但其中有一个罐子的药丸被污染了，而被污染的药丸的重量是“没被污染药丸的重量+1”。只称量一次，如何判断哪个罐子的药被污染了？

答案：1号罐取1丸，2号罐取2丸，3号罐取3丸，4号罐取4丸，称量该10个药丸，比正常重量重几就是几号罐的药有问题。

李渊（唐代阎立本绘）

着隋王朝的统治，在这种形势下，早就心怀异志的李渊父子也开始做起兵的准备。

太原是西北边防重镇，历来是兵家必争之地。隋朝在这里储存了大量布帛粮谷，为李渊起兵提供了物质保证。义宁元年四月，李渊见时机成熟，命令刘文静伪造隋炀帝敕书，征太原、西河、雁门、马邑四个地方的20～50岁的男子为兵征讨高丽，以激怒人民起来反隋。而后又借口刘武周占据汾阳宫，命李世民、刘文静、长孙顺德、刘弘基等人募兵，十天之内有近万人应募。十五日早晨，宣告起兵。

玄武门之变

在中国历史上，皇帝的儿子为了争夺权力和地位，常常会明争暗斗，互相残杀。唐朝的“玄武门之变”就是这样的史例。

公元626年7月2日，这天李世民率领尉（yù）迟恭等人，带了一支人马埋伏在玄武门（长安太极宫的北面正门）。不多久，太子李建成和齐王李元吉也骑着马来了，太子李建成被李世民射死。李元吉被尉迟恭一刀砍死。李渊正在宫中等着三个儿子，却听到外面乱成一片。正不知是怎么回事，尉迟恭已手持长矛带着人马涌了进来。他向李渊禀报说，李建成、李元吉阴谋作乱，已被秦王杀了，“秦王怕乱兵惊动皇上，特派我来护驾”。他又要李渊下令，让太子宫和齐王府的护卫停止抵抗。李渊听了，大吃一惊。面对这样的形势，他只好顺势应变，立李世民为太子。两个月后，他又传位给李世民，自己做太上皇去了。这场流血事件就是历史上有名的“玄武门之变”。

唐太宗陵前的石刻（即著名的昭陵六骏）

校长和英语老师一起去法国某中学访问，校长在礼堂讲话，英语老师做翻译。
校长：“老师们、同学们！”
英语老师：“Ladies and gentlemen！”
校长：“女士们、先生们！”
英语老师想了下说：“Good morning！”
校长：“早上好！”
英语老师：……

魏徵直言敢谏

相传是魏徵的书法

魏徵（zhēng）是唐初政治家，曾出家为道人。隋末参加瓦岗军，在李密失败后降唐。归唐后跟随李建成，任太子洗马（一种官职）。太宗即位后，任谏议大夫。后任秘书监，参预朝政，封郑国公。魏徵与李世民是封建社会中罕见的一对君臣：魏徵敢于直谏，多次违逆太宗之意，而太宗竟能容忍魏徵“犯上”，其建言多被采纳。因此，他们被视作君臣相处的典范。

文成公主进吐蕃

唐太宗灭了东突厥后，又派李靖击败了西南的吐谷（yù）浑，打通了前往西域的通道。西域各国纷纷派使者来到唐朝，远在西南的吐蕃（bō）也派使者来了。当时的吐蕃赞普名叫松赞干布，是个能文能武的人才。年轻的松赞干布并不满足于吐蕃的贵族生活，为了学习唐朝的文化，他派出使者，经过长途跋涉，到长安来要求跟唐朝建立友好关系。唐太宗也听闻他的名声，愿意跟他结交，还派使者到吐蕃去回访。

公元 641 年，24 岁的文成公主在江夏王李道宗的护送下，动身到吐蕃去。唐朝廷为公主备了一份十分丰厚的嫁妆。金银珠宝、绫罗绸缎当然是少不了的，除此以外，还有许多吐蕃没有的谷物、果品、蔬菜的种子以及药材、蚕种。她还带了大批有关医药、种树、工程技术、天文历法的书籍。

布达拉宫

文成公主在吐蕃生活了 40 年，她为汉藏两族人民的友好联系和发展藏族经济文化作出了贡献。直到现在，在西藏的大昭寺和布达拉宫，还供奉着松赞干布和文成公主的塑像。

女皇帝武则天

武则天是唐高宗李治的皇后，后称帝，是中国历史上唯一的女皇帝。她在位 16 年，实际执政近半个世纪。高宗从显庆五年（660 年）起，因头痛病难以处理政务，武则天得以在珠帘之后处理政务，表现出过人的才智，受到朝中大臣的称

武则天的书法

赞。武则天后来自称皇帝，改国号为周，改元天授，成为中国历史上第一个也是唯一的一个女皇帝。武则天称帝后，很注意人才的选拔。她亲自在洛阳殿策问天下贡士，开创了殿试制度，又专门设置武举，任用有武艺的人做官。这时朝中人才济济，狄仁杰、姚崇、宋璟等人各尽其职，呈现出兴旺的局面。她实行奖励农耕、发展生产等措施，有效地维持了社会的安定，巩固了“贞观之治”的成果，社会经济继续发展。

狄仁杰桃李满天下

狄仁杰

武则天对于反对她掌权的人，进行无情镇压，但她又十分重视任用贤才。她经常派人到各地去物色人才。只要发现谁有才能，就不计较门第出身、资历深浅，破格提拔，大胆任用。所以，在她的手下，涌现出一批有才能的大臣。其中最著名的是宰相狄仁杰。狄仁杰一遇到良才就向武则天推荐。像张柬之那样，狄仁杰前前后后一共推荐了几十个人，后来都成为当时有名的大臣。这些大臣都十分钦佩狄仁杰，把狄仁杰看作他们的老前辈。有人对狄仁杰说：“天下桃李，都出在狄公的门下了。”狄仁杰谦逊地说：“这算得上什么，推荐人才是为了国家，不是为了我个人的私利啊！”武则天很敬重狄仁杰，把他称作“国老”。他多次要求告老，武则天总是不准。

安禄山叛乱

公元755年，安禄山经过周密准备，决定发动叛乱。这时候，正好有个官员从长安到范阳（今北京）来。安禄山假造了一份唐玄宗从长安发来的诏书，召集将士宣布说：“接到皇上密令，要我立即带兵进京讨伐杨国忠。”将士们都觉得很突然，面面相觑，但是有谁敢对圣旨表示怀疑呢！

第二天一早，安禄山就带领叛军南下。15万步兵、骑兵在河北平原上进发，一路上烟尘滚滚，鼓声震地。中原一带

《牧马图》（唐代韩幹绘）

已经有100年左右没有发生战争，老百姓好几代都没有看到过打仗了。沿路的官员逃跑的逃跑，投降的投降。安禄山叛军一直向南进攻，几乎没有遇到什么抵抗。安禄山叛乱给唐朝人民带来了深重的危害。

李泌归山

唐肃宗刚在灵武（在今宁夏）即位的时候，临时建立的朝廷，什么都乱糟糟的。一些武将也不听指挥。肃宗一心想平定叛乱，却无人可以倚仗。这时候，他想起他当太子时的一个好朋友李泌，就派人把李泌从颍阳（在今河南省）接到灵武来。李泌想到朝廷正遭到困难，就到了灵武。唐肃宗跟李泌就像年轻时候一样，进进出出都在一起，大小事情全都跟他商量。李泌有什么主意，唐肃宗无不听从。唐肃宗想封他为宰相，李泌可不愿意。肃宗见不能勉强他，也就算了。后来，肃宗的宠妃张良娣和宦官李辅国嫌李泌权大，想把李泌除掉。一位皇子发现张良娣他们想害李泌，就告诉了李泌。李泌见唐军收复两京，算是了却一个心愿，决心离开朝廷。李泌又回到了衡山（在今湖南省），在山上造个屋子，重新过起他的隐居生活。

杜甫写“诗史”

“安史之乱”结束了。这对于饱受战乱痛苦、盼望安定的百姓来说，毕竟是一件值得高兴的事。当时在梓州（今四川三台）过流亡生活的诗人杜甫，听到这个消息，更是欣喜若狂，泪流满面。由于杜甫的诗歌大多是写安史之乱中人民的苦难，反映了唐王朝从兴盛到衰落的过程，所以，人们把他的诗篇称作“诗史”。他死后，人们为了纪念这位伟大诗人，把他在成都住过的地方保存起来，这就是有名的“杜甫草堂”。

杜甫草堂（在今四川省成都市）

朋党之争

唐朝后期，统治集团内部出现不同派别的争权斗争，史称“朋党之争”。宪宗元和三年（808），制科考试时，牛僧孺、李宗闵在策论中批评时政，抨击宰相李吉甫，遭李吉甫排斥，久不叙用。到唐穆宗时，牛僧孺曾一度为相，李吉甫之子李德裕等指斥李宗闵主持科考舞弊，李宗闵等人被贬官，斗争更趋复杂。朝廷大臣分化组合，形成以牛僧孺、李宗闵为首的“牛党”和以李德裕为首的“李党”，两派相互倾轧四十余年。

我来考考你

1. 牛党的主要人物是__________、__________。
2. 诗圣是李白，对吗？
3. 通济渠是__________朝修筑的？

五代十国

从公元907年唐灭亡到公元960年北宋建立，短短的54年间，中原相继出现了后梁、后唐、后晋、后汉、后周五个朝代。同时，在这五朝之外，还相继出现了前蜀等十个割据政权，此即历史上的“五代十国”。这一时期是唐藩镇之乱的延续，是由唐朝而宋朝的过渡时代。

送上人
刘长卿

孤云将野鹤，岂向人间住。
莫买沃洲山，时人已知处。

朱温代唐

朱温年幼时随母亲在萧县刘崇家当佣工。后参加黄巢领导的农民起义军，随军入长安。唐中和二年(882)正月，黄巢以朱温为同州(今陕西大荔)防御使。同年九月朱温叛变，降于唐河中节度使(今山西永济西)王重荣，唐僖宗任命朱温为金吾卫大将军，充河中行营副招讨使，赐名全忠。次年，改宣武军节度使(今河南开封)，加东北面都招讨使。全忠攻凤翔，茂贞屡败。天复三年，茂贞势蹙，被迫杀死劫迁昭宗的宦官，送昭宗出城。昭宗还长安后，全忠尽诛宦官，废神策军，从此昭宗为全忠控制，成为傀儡。天祐元年(904)，全忠迫昭宗迁都洛阳，随即遣人杀之，立其子(哀帝)。后又贬杀宰相独孤损等朝官30余人。天祐四年，朱全忠废李代唐称帝，改名晃，是为后梁太祖，都开封(后曾一度迁都洛阳)，国号梁，史称“后梁”。改元开平，由此揿开了五代十国的篇章。

传统京剧中的朱温脸谱（绿色表示骁勇鲁莽，白色表示奸诈多疑）

五代十国的分裂

A：There is a word game book for you.
B：Thank you.
A：给，一本单词游戏书。
B：谢谢。

五代十国的分裂是唐末至北宋初年群雄割据的一种局面。

唐朝政府在黄巢农民大起义中被打得七零八落，名存实亡。农民军虽然失败了，但唐朝统治也随之垮台。907年，朱温自立为帝，建立了后梁政权，中国历史进入五代十国时期。五代是指中国北方先后出现的五个封建王朝：后梁、后唐、后晋、后汉、后周，十国是指当时割据的十个独立政权：吴、南唐、吴越、楚、闽、南平、前蜀、后蜀、南汉、北汉。前九个政权建立在长江以南；只有北汉政权建立在山西境内。十国与五代并存，但各国存在的时间长短不一，如吴越，割据于唐亡以前，直到五代结束时才为北宋所灭。疆土则南平最小，南唐最大。

五代十国的分裂导致战争频繁，人民的兵役负担加重。社会经济也遭到严重破坏，赋役剥削苛重，广大人民生活在水深火热之中。

石敬瑭割让燕云十六州

石敬瑭

后晋建立者石敬瑭出自西夷，他看到政权更迭频繁，也很想过一下皇帝瘾。太原之地地形险固，粮食充足，石敬瑭又把在洛阳的钱财运到太原，准备以太原为根据地，引契丹为援，来夺取帝位。

石敬瑭与他的部下桑维翰、刘知远共同筹划，意图引契丹为援，夺取后唐天下。石敬瑭让桑草拟给契丹的文书，表示称臣于契丹皇帝，并向契丹皇帝行父子之礼，答应在事情成功后割让卢龙一道及雁门关以北诸州的土地。

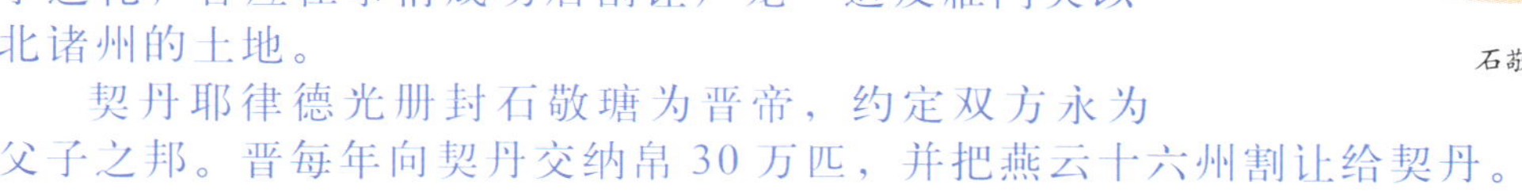

契丹耶律德光册封石敬瑭为晋帝，约定双方永为父子之邦。晋每年向契丹交纳帛30万匹，并把燕云十六州割让给契丹。

辽灭后晋

辽天显十一年（936年），太原军阀石敬瑭受到后唐攻击，遣使乞援于契丹，辽太宗耶律德光乃亲率辽军长驱入援，败后唐兵，立石敬瑭为后晋皇帝。从此契丹的势力伸入华北平原。会同五年（942年），石敬瑭死，子石重贵立，在给契丹的表文中称臣不称孙，两国关系恶化。会同七年和八年，耶律德光两次兴师伐后晋，一再受挫。但他仍坚持南进。九年，辽太宗倾师南征，后晋兵溃。次年正月，辽灭后晋，辽太宗入汴京（今河南开封），改国号契丹为辽，改元大同。在连年南征中，辽军强掠中原人民的财富，中原人民纷纷起义反抗。同时，契丹族民众也死伤惨重，厌战心理逐渐滋长。辽太宗在汴京驻留不足三月，就被迫仓促北返，行至栾城病死。

辽代彩塑

山西大同下华严寺

全国重点文物保护单位之一的山西省大同市下华严寺薄伽教藏殿，始建于辽代重熙七年（公元一〇三八年），距今已有九百多年的历史。殿内保存完好的三十一尊辽代塑像，或立，或坐，或正，或侧，身态优美，容貌丰满，表情生动，衣饰飘带流畅自然，塑法罕见，是国内辽塑中少见的精品。

2元

中国人民邮政

T.74.

1982

中国 1982 年发行的《辽代彩塑》邮票

题目：一天育才小学上自然实验课，需要水 6 千克。王老师拿来两只空瓶，一只容 7 千克，一只容 5 千克，叫小玲去水池里取 6 千克水。请你想想：小玲是怎样用这两只空瓶取回 6 千克水来的？

答案：小玲先把容 7 千克的瓶盛满水，倒入容 5 千克的瓶内，当容 5 千克的瓶内倒满水时，容 7 千克的瓶内还剩 2 千克水。把容 5 千克瓶内的水全部倒光，把这 2 千克水倒入容 5 千克的瓶内。再把容 7 千克水的瓶子里盛满水，倒入容 5 千克瓶内，因为瓶内已有 2 千克水，倒满后，容 7 千克的瓶内剩下 4 千克水。把容 5 千克的瓶内的水全部倒掉，把这 4 千克水倒入容 5 千克的瓶内。再把容 7 千克的瓶盛满水，倒入容 5 千克的瓶内，因为里面已有 4 千克的水，只能再倒进 1 千克，这时容 7 千克的瓶内剩下水 6 千克。

高平之战

后周立国之初，北汉主刘崇与辽联兵，屡攻后周皆败。后周显德元年正月，周太祖郭威卒，侄儿柴荣嗣位，北汉再次与辽合兵南进，企图一举灭周。周世宗

柴荣

柴荣闻讯，力排臣僚劝阻，决意亲征。3月11日，柴荣率京师军北上，昼夜兼程，于18日会前锋军。刘崇未料柴荣亲征，恃初战小胜轻进，不攻潞州，径至高平。翌日，两军相遇，北汉军退往巴公原（今山西晋城东北）。柴荣虑其逃遁，促军急进，追至巴公原，北汉军已据高地列阵。柴荣见势，虽后续未至，但锐意决战。刘崇见后周兵少，声言不需辽军出战便可获胜，乃让辽将杨衮居西阵观战，命东阵张元徽率千余骑出击。交战未几，后周将樊爱能、何徽引骑先遁，右军阵溃，步卒千余人解甲降北汉。柴荣力挽危局，亲冒矢石率兵陷阵。诸将合力拼杀，力挫北汉军气焰。刘崇褒赏张元徽，令其再战，方出战即被周军斩杀。时南风正盛，后周军借助风势，愈战愈勇。辽将杨衮畏周军势盛，弃阵而逃。北汉军溃散，刘崇自举赤旗，招收残兵万余人据险抵御。后刘崇仅率百余骑由小道逃归晋阳。

刘明杨四岁就上了学前小班，期末考试以后，回到家里。叔叔问他：“你们的考试题难吗？”刘明杨说：“有男的也有女的。”

我来考考你

1. 五代是指____、____、____、____、____。
2. 十国是指____、____、____、____、____、____、____、____、____、____。

赵匡胤

宋辽夏金

北宋结束了五代十国分裂的局面，辽和西夏是与北宋并立的政权。

杯酒释兵权

赵匡胤做了皇帝后，害怕自己的江山不稳固，担心“陈桥兵变”的历史重演，怕拥有兵权的大将们起兵造反。有一次，他和谋臣赵普谈起怎样巩固江山，赵普建议把兵权集中到朝廷，削弱大将的权力，以防大将叛乱。

赵匡胤觉得很有道理，过了几天，他在宫里举行宴会，请石守信、王审琦等几位老将喝酒。宴会上，赵匡胤端起一杯酒，说:“没有你们的帮助，我当不上皇帝，可当了皇帝却没睡过安稳觉。”石守信等大将纷纷问是什么缘故。宋太祖说：“如果有人也把黄袍加在你们身上怎么办？”石守信等大将吓坏了，不知道怎么办才好。

这时，赵匡胤说：“不如我赐给你们美宅良田，到地方上去做节度使，安享晚年吧！”石守信等大将明白了皇上的用意。第二天，他们就交出了兵权，按旨意到地方上去做节度使了。这件事史称“杯酒释兵权”。

乌衣巷
刘禹锡

朱雀桥边野草花，乌衣巷口夕阳斜。
旧时王谢堂前燕，飞入寻常百姓家。

宋太祖收回兵权后，建立了新的军事制度。他把地方官由武将换成文臣，地方上的财权和军权都收归中央。他又从地方军队中挑选出精兵，编成禁军，由皇帝直接控制。这些改革使新建立的北宋王朝开始稳定下来。

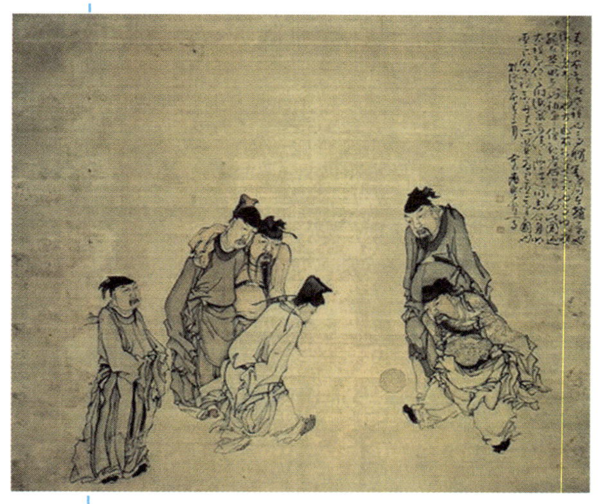
蹴鞠图（清代黄慎绘，描绘了宋太祖、太宗与赵普踢球的情景）

赵普收礼

从宋太祖取得政权开始，到平定南方，赵普是主要的谋士，立了不少大功。宋太祖拜赵普为宰相，事无大小，都跟赵普商量。日子久了，就有人想走他的门路，不时有人给他送礼物来。宋太祖经常到赵普家里去，事先也不派人通知。有一次，吴越王

洋话天天说

A: Oh how happy I am! I've got a name.
B: That, s great.
A: 哦,好高兴啊,我有一个名字啦!
B: 太好了。

钱俶(chù)派使者送信给赵普,还捎带了十坛“海产”。赵普把十坛“海产”放在堂前,还没来得及拆信,正好宋太祖到了。赵普吩咐仆人打开坛盖,在场的人一看都傻了眼。原来坛里放的不是什么海产,竟是一块块金子。宋太祖向来怕官员收受贿赂,滥用权力,看到这情况,心里窝了一肚子火,脸色也就沉了下来。打这以后,宋太祖对赵普就有点猜疑起来,宋太祖后来撤了赵普的宰相职位。

京剧《穆桂英挂帅》中的寇准(于魁智饰)

寇准抗辽

辽朝欺侮宋朝无能,多次进犯边境。到宋太宗的儿子宋真宗赵恒即位后,有人向宋真宗推荐寇准担任宰相,说寇准忠于国家,办事有决断。澶(chán)渊之战中,由于寇准的坚持,北宋到底避免了更大的失败。宋真宗也觉得寇准有功劳,挺敬重他。但是原来在战前主张逃跑的王钦若却在宋真宗面前说,寇准劝真宗亲征,是把皇上当赌注,孤注一掷,简直是国家的一个大耻辱。宋真宗一想起在澶州的情景,真有点后怕,就反过来怨恨寇准,竟把忠心耿耿的寇准的宰相职位撤了。

狄青不怕出身低

韩琦、范仲淹刚到陕西的时候,有人向他们推荐说,当地军官中有个狄青,英勇善战,有大将的才干。范仲淹正需要将才,听了这话,很感兴趣,要部下把狄青的事迹详细说一下。

原来,狄青本是京城禁军里的一个普通兵士。他从小练得一身武艺,骑马射箭样样精通,加上胆壮力大,被选拔做了下级军官。后来,因为狄青多次立功,被提拔为掌握全国军事的枢密使。一个小兵出身的人当上枢密使,这是宋朝历史上是从来没有过的事。

狄青

范仲淹(手持圭板)

范仲淹实行新政

范仲淹和包拯同朝,为北宋名臣、政治家、文学家,少年时家贫但好学,当秀才时就常以天下为己任,有敢言之名。曾多次上书批评当时的宰相，因而三次被贬。宋仁宗时官至参知政事，相当于副宰相。西夏李元昊反宋时，以龙图阁直学士与夏竦经略陕西，号令严明，西夏军队不敢侵犯，羌人称为“龙图老子”，西夏人称为“小范老子”。范仲淹对当时的朝政的弊病极为痛心，宋仁宗庆历三年(1043年)，他提出“十事疏”，主张建立严密的仕官制度，注意农桑，整顿武备，推行法制，减轻徭役。宋仁宗采纳了他的建议，陆续推行，史称“庆历新政”。可惜不久因为保守派的反对而未能继续推行，他本人被贬为陕西四路宣抚使，后来在赴颍州途中病死。

题目:有位叔叔问“小机灵”几岁了，他说：“如果从我三年后年龄的 2 倍中减去我三年前年龄的 2 倍，就等于我现在的年龄。”小朋友想一想，“小机灵”今年几岁了？

答案：12 岁。

欧阳修改革文风

欧阳修担任翰林学士以后，积极提倡改革文风。有一年，京城举行进士考试，朝廷派他担任主考官。他认为这正是选拔人才、改革文风的好机会，在阅卷的时候，发现华而不实的文章，一概不录取。经过这场风波，欧阳修虽然受到了一些压力，但是考场的文风却发生了变化，大家都学着写内容充实、文风朴素的文章了。

欧阳修不但大力改革文风，还十分注意发现和提拔人才。许多原来并不那么出名的人才，经过他的推荐、提拔，一个个都成了名家。最出名的是曾巩、王安石、苏洵（xún）和他的儿子苏轼、苏辙（zhé）。在文学史上，人们把欧阳修等六个人和唐代的韩愈、柳宗元合称“唐宋八大家”。

欧阳修书法

铁面无私的包拯

在小说、戏曲中，“黑包公”是法律与正义的典型形象。不过，历史上的包拯确实爱民如子，不畏权贵，执法严明，因而博得当时和后代人的颂扬，把他作为救苦救难的包青天。包拯在开封府任职时，公布了新的规定：大开正门，凡是告状的，都可以直接进去见官，直接面陈案情，任何人不得阻拦刁难。不要以为这是一件小事，无论是从有助于百姓申冤上讲，还是从有助于审理案件上讲，这是一项十分重要的改革。这一改革，在我国法律史上，既有一定地位和作用，又有进步意义。包拯办案有两个特点：一是不怕权势；二是为民申冤。两者结合起来，便是包公。不怕权势，敢于顶风办案，在宋代不是容易的事。那错综复杂的关系，早已用一根既得利益即特权的绳索，把官僚、贵族、豪绅、恶霸们联系在一起。要冲破这个已经编织好的、保护地主和贵族利益的网络，谈何容易。但是，包拯不畏权势，以不怕身败名裂的勇气，使得“贵戚宦官为之敛手，闻者皆惮之”。

中国 2010 年发行的包拯金币

王安石变法

治平四年（1067 年）正月，宋神宗即位，立志革新，于熙宁元年（1068 年）四月召王安石入京，变法立制，以改变积贫积弱的现状。在王安石的倡导下，一时形成“四方争言农田水利”的热潮。北方在治理黄河、漳河等河道的同时，还在几道河渠的沿岸淤灌成大批“淤田”，使贫瘠的土壤变成了良田。为稳定封建秩序，巩固封建统治秩序，整顿、加强军队，推行将兵法、保甲法、保马法以及建立军器监等。王安石变法以“富国强兵”为目标，从新法实施，到守旧派废止新法，前后将近 15 年时间。在此期间，每项新法在推行后，基本上收到了预期的效果，使豪强兼并和高利贷者的活动受到了一些限制，使中高级官员、皇室减少了一些特权，乡村上户地主和下户自耕农减轻了部分差役和赋税负担，封建国家也加强了对直接生产者的统治，增加了财政收入。各项新法或多或少地触犯了中高级官员、皇室、豪强和高利贷者的利益，最终被罢废。

王安石像（在江西省抚州市）

沈括像（在江苏省沭阳县）

沈括出使

自从宋真宗以后，宋朝每年送大量银绢给辽国，双方维持了几十年相安的局面，但是辽朝欺宋朝软弱，想进一步侵占宋朝土地。公元1075年，辽朝派大臣萧禧到北宋首都东京（今河南开封），要求划定边界。宋神宗派大臣跟萧禧谈判，双方争论了几天，没有结果。萧禧坚持说黄嵬山（在今山西原平西南，嵬音 wéi）一带三十里地方应该属于辽朝。宋神宗派去谈判的大臣不了解那里的地形，明知萧禧提出的是无理要求，又没法反驳他。宋神宗就另派沈括去谈判。沈括原是支持王安石新法的官员。沈括不但办事认真细致，而且精通地理。他先到枢密院，从档案资料中将过去有关议定边界的文件都查清楚了，证明那块土地应该是属于宋朝的。他向宋神宗报告，宋神宗听了很高兴，就要沈括画成地图送给萧禧看，萧禧才没话说。宋神宗又派沈括出使上京（辽朝的京城，在今内蒙古自治区巴林左旗南）。沈括首先收集了许多地理资料，并且叫随从的官员都背熟。到了上京，辽朝派宰相跟沈括谈判边界问题，辽方提出的问题，沈括和官员们对答如流，有凭有据。沈括带着随员从辽朝回来，一路上，每经过一个地方，把那里的大山河流、险要关口画成地图，还把当地的风俗人情调查得清清楚楚。回到东京以后，他把这些资料整理起来，献给宋神宗。宋神宗认为沈括立了功，拜他为翰林学士。

司马光写《资治通鉴》

司马光

《资治通鉴》是我国最大的一部编年史，全书共294卷，通贯古今，上起战国初期韩、赵、魏三家分晋（前403年），下迄五代末年赵匡胤灭后周，共1362年。作者把这1362年的史实依时代先后，以年月为经，以史实为纬，顺序记写；对于重大历史事件的前因后果、与各方面的关联都交代得清清楚楚，使读者对史实的发展能够一目了然。司马光一生大部分精力都用于编撰《资治通鉴》，自宋英宗治平三年（1066年）至神宗元丰七年（1084年），共费时十九年。他在《进资治通鉴表》中说：“日力不足，继之以夜”，“精力尽于此书”。

苏东坡游赤壁

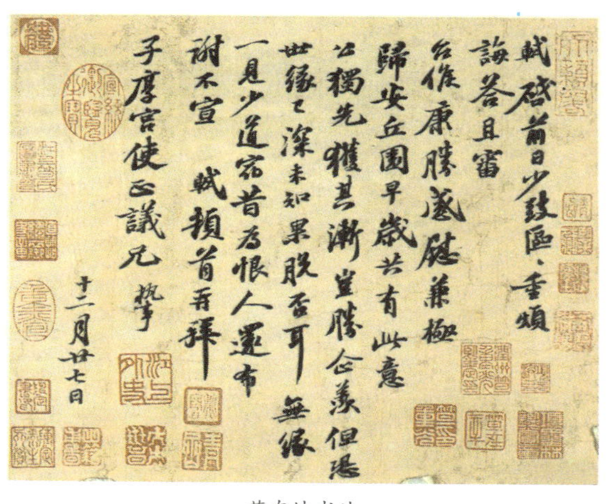
轼启。前日少致区区，重烦诲答，且审台候康胜，感慰兼极。归安丘园，早岁共有此意，公独先获其渐，岂胜企羡。但恐世缘已深，未知果脱否耳。无缘一见，少道宿昔，为恨。人还布谢不宣。轼顿首再拜。子厚宫使正议兄执事。十二月廿七日

苏东坡书法

苏轼在政治上失意的日子里，常常游览山水，写作诗歌，抒发他的心情。有一次，他打听到长江边有个名胜古迹叫作赤壁（实际上这里不是三国时赤壁大战的发生地），就在一个月光皎洁的夜里，约了几个朋友，乘着小船到赤壁去游览。在那里，他想起三国时期曹操和周瑜大战的情景，触景生情，十分感慨。回来以后，写了一篇文章，即著名的《赤壁赋》。

女词人李清照

李清照故居（在山东省济南市）

李清照号“易安居士”，是南宋杰出女词人。历史上与济南历城人辛弃疾（字幼安）并称“济南二安”。其父李格非是北宋著名的学者和散文家。李清照幼承家学，早有才名。她以词著名，兼工诗文，并著有词论，在中国文学史上享有崇高声誉。她早年生活安定优裕，词作多写相思之情；金兵入侵后，遭遇家国剧变，词作多感慨身世飘零。她的诗文感时咏史，与词风迥异。她还擅长书画，兼通音律。现存诗文及词为后人所辑，有《漱玉词》等。她主张“词当别具一家也”。她还是中国历史上唯一一位名字被用来命名外太空环形山的女性。李清照的经典名言是“生当作人杰，死亦为鬼雄”。

方腊起义

宋徽宗时，歙（shè）州（今安徽歙县）农民方腊到睦州青溪县（今浙江淳安西北）豪绅方有常家当佣工（一说方腊是漆园主）。当时宋徽宗、蔡京、童贯一伙贪得无厌地压榨人民，赋役繁重，“人不堪命，遂皆去而为盗”。宣和二年（1120年）十月初九，方腊假托“得天符牒”，率领农民，杀死方有常一家，以帮源峒为据点，聚集贫苦农民，号召起义。在方腊的号召下，青溪远近的农民闻风响应，很快发展到上万人。十一月初，义军尊称方腊为“圣公”，改元永乐，置将帅，头扎红巾等各色头巾作为标志，建立农民政权。

宋钦宗

靖康之耻

宣和七年（1125 年）金朝攻北宋，宋徽宗惊慌之下宣布退位，长子赵桓继位，即宋钦宗，年号靖康。靖康元年正月，宋同意割让太原、中山与河间三镇，后反悔。

靖康元年（1126 年）11 月，十几万金军南下攻宋，于月底进至皇都开封，钦宗派康王等三路人往金军议和，分别割让太原、中山与河间三镇。被围城十几日后，钦宗听信迷信，派江湖术士郭京迎战金军，被攻破城门，城破后金军封锁城内各地。

此后仍保有大片国土的宋钦宗向金国正式投降。他下令搜括开封城内的金银贡献于金军，承认割让北方太原等三镇。而此时康王赵构并没有去金营割地，而是借勤王之名拥兵自守。

靖康二年（1127 年），宋钦宗和宋徽宗及后妃、皇子、公主等3000 多人被俘虏，金兵另俘虏皇室女子、宫女、官女、民女等共15000 多人，运至金朝国土，大部分做妓女。宋钦宗赵恒这位苦命的皇帝，做皇帝只一年多即被金人掳去，受折磨达 30 年之久。通常公认北宋亡于 1126 年。此后徽、钦二帝先后死于金朝的五国城。

肚皮笑笑破

史克是学校的勤杂工。有一天，他正坐在家中，突然一只皮球破窗而入，打在他身上，一个小男孩满头大汗跑进来，说：“对不起，我马上打电话叫爸爸来给你修。”

1 个小时以后，果然来了个大个子男人，手脚利索地把玻璃装好，随后向史克要 10 美元材料费和工钱。

史克惊异地说：“你难道不是孩子的父亲？”

来人也惊奇了：“你难道不是孩子的父亲？”

岳飞抗金

岳飞出生于北宋相州汤阴（今河南汤阴）的一户佃农家里，青年时代正遇上女真贵族对宋发动大规模掠夺战争。他亲眼目睹北宋灭亡前后的惨痛现实，和当时中原沦陷区的人民呼吸相通，有坚决抗击女真贵族民族压迫、收复故土的强烈愿望和要求。北宋末年，深受女真统治压迫的汉族、契丹族、渤海、

题目：浓妆淡抹总相宜。（打一成语）
答案：两全其美。

奚等各族人民，“仇怨金国，深入骨髓”，纷纷自动组织起来反抗。从12世纪20年代起，黄河南北、两淮之间掀起了轰轰烈烈的抗金战争。岳飞和抗金名将宗泽、韩世忠等一道，站在抗金斗争的最前线。后来，秦桧以“莫须有”的罪名杀害了岳飞，临死前岳飞在供状上写下“天日昭昭，天日昭昭”八个大字。这是悲愤的呼喊！岳飞虽然被杀害了，但他的精忠报国的精神是不可磨灭的。

杭州岳庙

卖国贼秦桧

秦桧本来是北宋时期的大臣。当宋徽宗、宋钦宗两个皇帝被金兵俘虏到北方去的时候，秦桧和他的妻子王氏与他们一起被俘到金京。秦桧在金太宗面前，低声下气，百依百顺。金太宗认为他很有才干，就把他派到大将挞懒部下当军事参谋。

杭州岳庙前的秦桧与王氏跪像

这时候，金朝发现南宋抗金力量越来越强大，又有岳飞、韩世忠等大将坚决主张抗战，不好对付，就决定把秦桧放回南方充当内奸。公元1130年，挞懒攻打楚州（今江苏淮安）的时候，把秦桧和他的妻子放回南宋。宋高宗本来日思夜想要跟金朝讲和，听说秦桧从金朝回来，熟悉金朝内情，立刻召见秦桧。秦桧第一次朝见高宗，就劝高宗跟金人讲和，还送上了代朝廷起草的一封求和信。

宋高宗接见秦桧之后，觉得秦桧的主张很合他口味。他立刻任命秦桧为礼部尚书，过了三个月，又提升他当副宰相；再过半年，秦桧就成为宰相兼枢密使，掌握了南宋军政大权。

秦桧当了宰相之后，就干起卖国求和的勾当来。因为遭到许多朝臣的激烈反对，曾经被罢免了宰相职位。但是昏庸的宋高宗还是把秦桧当作心腹看待，过了几年，又重新任秦桧为宰相。秦桧利用他的权力和地位，勾结金朝，千方百计破坏抗金将领的活动。

文天祥起兵

文天祥是我国历史上著名的民族英雄，吉州庐陵（今江西吉安）人。他从小爱读历史上忠臣志士的传记，立志要向他们学习。20岁那年，他到临安参加进士考试，在试卷里写下了他的救国主张，受到主考官的赏识，

江南逢李龟年

杜甫

岐王宅里寻常见，崔九堂前几度闻。
正是江南好风景，落花时节又逢君。

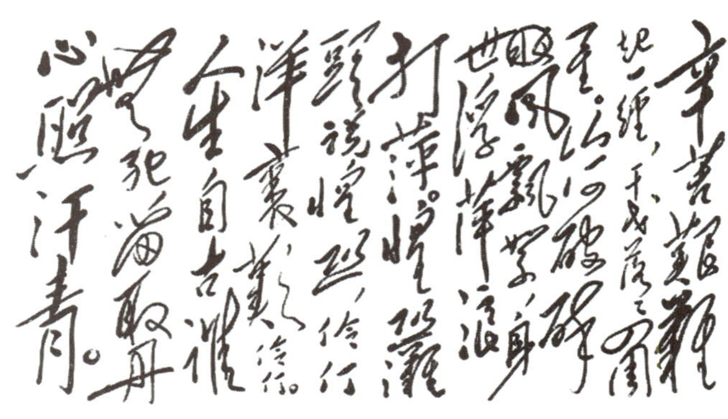

毛泽东手书文天祥《过零丁洋》

中了状元。一直到了南宋王朝快要灭亡的危急时刻，他才被派到江西去担任赣州的州官。

1275 年，文天祥接到朝廷告急的诏书，他立刻招募人马，前往临安救援。文天祥排除种种阻挠，带兵到了临安。右丞相陈宜中派他到平江（今江苏苏州）防守。这时候，元朝统帅伯颜已经渡过长江，分兵三路进攻临安。其中一路从建康出发，越过平江，直取独松关（今浙江余杭）。陈宜中又命令文天祥退守独松关。文天祥刚离开平江，独松关已经被元军攻破，想再回平江，平江也失守了。

我来考考你

1. 易安居士是__________。
2. 唐宋八大家是哪些人？
3. 宋太祖名叫赵匡胤吗？

大漠弯弓

元朝作为中国历史上的一个重要朝代，不仅在中华文化史上发挥了承上启下的作用，而且推进了中国多元一体文化的发展进程，开创了中国各民族文 化交流融合的新局面，对中华文化的繁荣和发展作出了重要的贡献。

郭守敬修订历法

元世祖忽必烈即位以前，就重视吸收汉族的读书人，帮助筹划朝政大事。其中有一个是元代著名科学家郭守敬。郭守敬是邢州（今河北邢台）人。

郭守敬到了西夏，经过详细勘察以后，发动民工疏浚了一批原有的渠道、水坝，还开挖了一些新河道。不出一年时间，这一带 900 多万亩农田灌溉畅达，粮食丰收，百姓的生活也都改善了。为了加强大都到江南的交通运输，忽必烈又派郭守敬去勘测水路交通情况。经过郭守敬的勘测、设计，不但修通了原来的运河，还新开凿了一条从大都到通州的通惠河，这样，从江南到大都的水路运输，就畅通无阻了。

郭守敬花了两年的时间，编出了一部新的历法，叫《授时历》。这种新历法，比旧历法精确得多。它算出一年有365.2425天，与地球绕太阳一周的时间只相差26秒。这部历法同现在通行的格里历（即公历）一年的周期相同。但是郭守敬的《授时历》比欧洲人确立公历的时间要早302年。

A：Let's sing and dance.
B：Let's play games in our English class.
A：让我们唱歌、跳舞吧!
B：让我们在英语教室里做游戏吧!

《窦娥冤》感天动地

元朝大都有个读书人叫关汉卿，从小喜爱音乐、戏剧，会吹箫、弹琴，还会唱歌、跳舞。关汉卿在京城太医院当过官，可是他对医术不感兴趣，对编写剧本却特别热心。他把看到的、听到的人民的悲惨遭遇写进他的剧本里。《感天动地窦娥冤》（也叫《窦娥冤》），就是他的杰出的代表作品。

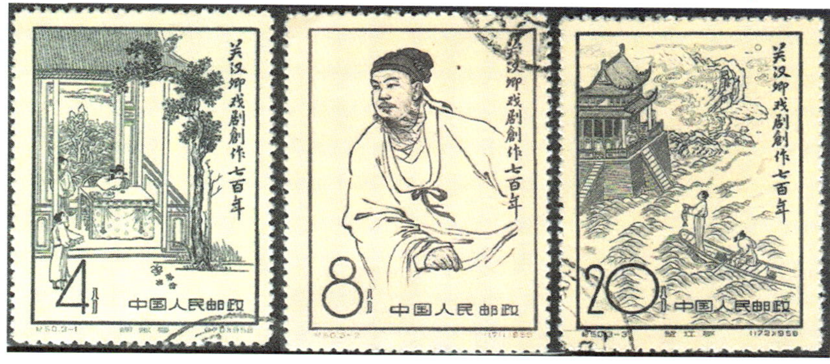

中国1958年发行的关汉卿纪念邮票

《窦娥冤》是中国传统剧目中的十大悲剧之一，是一出具有较高文化价值、广泛群众基础的名剧。据统计，我国约86个剧种上演过此剧。《窦娥冤》写窦娥被无赖诬陷，又被官府错判斩刑的冤屈故事：楚州贫儒窦天章因无钱进京赶考，无奈之下将幼女窦娥卖给蔡婆家为童养媳。窦娥婚后丈夫去世，婆媳相依为命。蔡婆外出讨债时遇到流氓张驴儿父子，被其胁迫。张驴儿企图霸占窦娥，见她不从便想毒死蔡婆以要挟窦娥，不料误毙其父。张驴儿诬告窦娥杀人，官府严刑逼讯婆媳二人，窦娥为救蔡婆自认杀人，被判斩刑。窦娥在临刑之时指天为誓，死后将血溅白绫、六月降雪、大旱三年，以明己冤，后来果然都应验。三年后窦天章任廉访使至楚州，见窦娥鬼魂出现，于是重审此案，为窦娥申冤。

妻子问丈夫："你儿童时代有过许多愿望，那么现在有没有实现了的？"

丈夫摸摸自己的秃头说："有。小时候，妈妈揪我的头发时，我希望自己是个秃头。"

我来考考你

1.《感天动地窦娥冤》的作者是谁?

2. 郭守敬的《授时历》比欧洲人确立公历的时间要早_______年。

诗词贝贝乐

芙蓉楼送辛渐

王昌龄

寒雨连江夜入吴，平明送客楚山孤。
洛阳亲友如相问，一片冰心在玉壶。

大明王朝

明朝是中国历史上最后一个由汉族建立的王朝，共传16位皇帝。明朝的领土曾囊括今日内地各省之范围，并曾在今东北地区、新疆东部等地设有羁縻机构。明朝在我国历史上是一个较重要的王朝。

朱元璋投军

明孝陵（朱元璋陵墓）前石碑

元朝末年，韩山童等在颍州（今安徽阜阳）起兵反元，这支起义军称“红巾军”。1352年，郭子兴等起兵响应。

不久后的一天晚上，驻守濠州（今安徽凤阳）的红巾军正在城门边巡逻。忽然城外来了一个青年和尚，说要投奔红巾军。守门的红巾军兵士怀疑他是元军派来刺探军情的奸细，一面把他捆绑起来，一面派人报告首领郭子兴。

郭子兴一听，心想也许来的真是投奔他的好汉，于是亲自骑马到城门口去察看，只见那个被捆绑起来的和尚，虽然衣服穿得破破烂烂，却长得身材魁梧，浓眉大眼。郭子兴一看，心里十分喜欢，马上命令兵士松了绑，把和尚带回元帅府。

那个投奔郭子兴的青年和尚，名叫朱元璋。朱元璋出身贫寒，家里数代都是佃户，他15岁时因走投无路到寺庙里当了和尚。他听说了红巾军起义的消息，遂决心投奔起义军。

郭子兴跟朱元璋一谈话，发觉他口齿伶俐，十分赏识，马上叫他脱下袈裟，换上兵士服装，把他留在身边做了亲兵长。朱元璋参加起义军以后，马上表现出他的才能。他打仗勇敢，又有计谋。郭子兴把他当作心腹看待，出去打仗，总要先跟他商量。在起义兵士中，朱元璋的声望渐渐提高了。

1356 年，朱元璋被部将奉为吴国公。同年，攻占南京。1368 年，朱元璋在打败各路起义军后，在南京称帝，建立明朝。

于谦保卫北京

杭州的于谦祠

于谦，浙江钱塘（今杭州）人，是明朝著名的民族英雄。他自小有远大的志向。小时候，他的祖父收藏了一幅文天祥的画像。于谦十分钦佩文天祥，把那幅画像挂在书桌边，并且题上词，表示一定要向文天祥学习。长大以后，他考中进士，做了几任地方官，严格执法，廉洁奉公；后来担任河南巡抚，奖励生产，救济灾荒，非常关心人民疾苦。1449 年，蒙古瓦剌部进攻北京，京城人心惶惶。在京城面临危急的时刻，于谦毅然担负起守城的重任。他一面加紧调兵遣将，加强京城和附近关口的防御；一面整顿内部，逮捕了一批瓦剌军的奸细。瓦剌见无机可趁，只好退兵。正是因为于谦的坚持，明朝才逃过了像北宋灭国那样的厄运。

海瑞刚正不阿

海瑞故居（在海南省海口市）

海瑞是明朝著名的大臣，以清廉著称。他做南平县教谕（负责教育的官员）时，一身正气，对权贵从不卑躬屈膝。在当上县令后，他更时时不忘“清正廉洁”的母训，严拒乡绅的行贿，他不畏总督儿子胡公子的肆虐，并巧妙地惩罚了胡公子。他的刚正不阿深得民心。不久，他被调赴京城，任户部云南司主事。上任后，他方知偌大国库“空空如也”。他对皇帝的不理朝政心急如焚，为国为民、一身正气的海瑞把自己的生死置之度外，决意上书皇帝劝谏。1566 年，他买好棺材，遣散仆人，然后上书嘉靖帝，数落皇帝的种种过错，激怒了皇帝，被下令“下狱论死”。但嘉靖帝内心也觉得海瑞很忠诚，所以并未处死海瑞。明穆宗继位后，不仅释放了海瑞，还褒奖了他。

戚继光驱逐倭寇

明世宗的时候，日本的海盗经常在我国东南沿海一带骚扰。他们和中国的土豪、奸商勾结，到处抢掠财物，杀害百姓，闹得沿海不得安宁。戚继光是我国历史上著名的民族英雄，山东蓬莱人。明朝政府委派他到东南沿海剿灭倭寇。他到了浙江，先检阅那里的军队，发现那些军队纪律涣散，根本不能打仗，就决心另外招募新军。他一发出招兵命令，马上有一批吃够倭寇苦头的农民、矿工自愿参军，还有一些愿意抗倭的地主武装也参加了进来。戚继光组织的新军很快发展到4000人。

洋话天天说

A：It is cool here.

B：I've never been here.

A：这里真冷。

B：我从没来过这儿。

戚继光像（在山东省蓬莱市）

过了几年，倭寇又袭击台州（今浙江临海）一带，戚继光率领新军赶到台州。倭寇在哪里骚扰，他们就打到哪里。那些乱七八糟的海盗队伍，哪里是戚家军的对手，交锋了九次，戚家军一次次都取得胜利。最后，倭寇在陆地上待不住，被迫逃到海上，戚继光又用大炮轰击。倭寇的船起了火，大批倭兵被烧死或掉到海里淹死，留在岸上的也只得乖乖投降。

李时珍上山采药

李时珍是蕲（qí）州（今湖北蕲春）人。他的祖父、父亲都当过医生。父亲李言闻对药草很有研究，李时珍从小受父亲的影响，常常上山采集各种药草。日子一长，他能认得各种药草的名称，还知道什么草能治什么病。他的医药知识渐渐丰富起来。

李时珍为了研究医术，读了许多古代的医书。李时珍从长期的医疗工作和采集药物的过程中，得到了不少科学的资料。他发现古代医书上的记载有不少错误。再说，经过那么多年代，人们又陆续发现了许多古书上没有记载的药草。他就决心编写一本新的完备的药书。此后，他花了将近三十年的时间，写成了著名的医药著作《本草纲目》。

中国1966年发行的李时珍纪念邮票

题目：一位商人有 9 枚银元，其中有一枚是较轻的假银元。你能用天平只称两次（不用砝码），将假银元找出来吗？

答案：先把银元分成三组，每组 3 枚。第一次先将两组分别放在天平的两个盘里。如天平不平，那么假银元就在轻的那组里；如天平左右相平衡，则假银元就在未称的第三组里。第二次再称有假银元的那一组，称时可任意取 2 枚分别放在两个盘里，如果天平不平，则假银元就是轻的那一个。如果天平两端平衡，则未称的那一个就是假银元。

徐霞客远游探险

徐霞客（1586～1641），名弘祖，字振之，号霞客，江苏江阴人，明朝地理学家、旅行家和文学家。他经 30 年考察撰成的 60 万字《徐霞客游记》，开辟了地理学上系统观察自然、描述自然的新方向，既是系统考察祖国地质地貌的地理名著，又是描绘华夏风景资源的旅游鸿篇，还是文字优美的文学佳作，在国内外具有深远的影响。

中国 1987 年发行的徐霞客纪念邮票

闯王李自成

李自成是陕西米脂人，据说是西夏党项人的后裔，出生在一个农民家庭，少年时候，就喜欢骑马射箭，练得一身好武艺。李自成家一向担负代官府收租税的差使。米脂连年收成不好，农民拿不出租税。当地有个姓艾的大地主，乘机放高利贷，想在农民身上盘剥。李自成看大家交不起租税，就自己一个人借债把税交了。过了一段时间，姓艾的地主逼李自成还债，李自成还不起，姓艾的就唆使官府把他抓起来打得半死，还锁上镣铐，把他放在太阳底下晒，不让吃东西。百姓和驿卒向县官恳求把李自成放在树荫下，让他吃点东西，县官也不答应。这一下把群众激怒了，大家一哄而上，砸开李自成身上的镣铐，杀了姓艾的地主，一起逃出

宣州谢朓楼饯
别校书叔云
李白

抽刀断水水更流，举杯消愁愁更愁。
人生在世不称意，明朝散发弄扁舟。

米脂，到甘肃当了兵。当年，因为将官克扣军饷，李自成又杀了将官，带着几十个兵士一起投奔王左挂领导的农民军，当上一名头领。明王朝派出的总督杨鹤看到起义军越来越多，十分害怕。他一面派兵镇压，一面采用高官厚禄招降农民军将领。王左挂禁不住诱惑，动摇投降了。李自成不得不另找队伍。后来，他打听到高迎祥领导一支队伍起义，自称“闯王”，就决心投奔高迎祥。高迎祥听到李自成带兵来投奔，十分高兴，马上叫他担任一个队的将官，大家把他叫作“闯将”。在义军中，李自成威望逐渐提高，受到大家的拥护。

1636年，高迎祥兵败被杀，李自成被大家推为“闯王”。1644年，他率军攻入北京，推翻了明朝。

20世纪80年代出版的《李自成》小人书

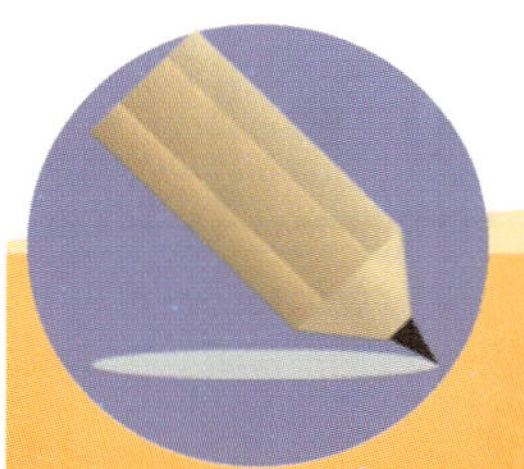

我来考考你

1.《徐霞客游记》是花了______年写成的。
2. 于谦是明朝著名的民族英雄，对吗？

帝国斜阳

清朝是中国历史上的最后一个封建王朝，由女真族即满族建立。八旗制度是满族的社会组织形式，最初具有军事、生产和行政三方面的职能，对早期满族社会经济的发展起到了促进作用。

次北固山下
王湾

客路青山外，行舟绿水前。
潮平两岸阔，风正一帆悬。

努尔哈赤建立后金

努尔哈赤是明朝东北地区女真族的首领。有一年，努尔哈赤受尽明朝的侮辱回到家里，翻出了他父亲留下的13副盔甲，分发给他手下兵士，向土伦城进攻。努尔哈赤灭了世仇尼堪外兰，声势越来越大。努尔哈赤在统一女真的过程中，把女真人编为八个旗，旗既是行政单位，又是军事组织。每旗下面有许多牛录，一个牛录有300人，平时耕田打猎，战时打仗。这样既推动了生产，又加强了战斗力。为了麻痹明朝，他继续向明朝朝贡称臣，明朝廷认为努尔哈赤态度恭顺，封他为龙虎将军。他还多次到北京，亲自察看明朝政府的虚实。公元1616年，他认为时机成熟，就在八旗贵族拥护下，在赫图阿拉（今辽宁新宾附近）即位称汗，国号大金。为了跟过去的金朝区别，历史上把它称为“后金”。

努尔哈赤像（在辽宁省沈阳市）

吴三桂借清兵

吴三桂原来是明朝派到关外抗清的，驻扎在宁远一带。李自成起义军逼近北京的时候，崇祯帝接连下令要吴三桂带兵进关，对付起义军。吴三桂赶到山海关时，北京已被起义军攻破。过了几天，吴三桂收到起义军的劝降信，倒犹豫起来。向起义军投降吧，当然是他不愿意的；要不投降吧，起义军勇猛善战，兵力强大，自己不是他们的对手。再说，北京还有他的家属和财产，也舍不得丢掉。既然李自成来招降，不如到北京去看看情况再说。吴三桂带兵到了滦州，离北京越来越近，就遇到一些从北京逃出来的人。吴三桂找来一问，开始，听说他父亲吴襄被抓，家产被抄，已经恨得咬牙切齿；接着，又听说他最宠爱的歌姬陈圆圆也被起义军抓走，更是怒气冲天，立刻下令退回山海关，并且要将士们一律换上白盔白甲，说是要给死去的崇祯帝报仇。李自成得知吴三桂拒绝投降，决定亲自带20多万大军，进攻山海关。吴三桂本来就害怕农民军，听到这消息，吓得灵魂出窍。他也顾不了什么民族气节，写了一封信，派人飞马出关，请求清朝帮助他镇压起义军。清朝辅政的亲王多尔衮接到吴三桂的求救信，觉得机会来了，立刻回信同意。接着，他亲自带着十几万清兵，日夜不停地向山海关进兵。

陈圆圆像（在云南省昆明市）

遺書三

可法死矣前與夫人有定約當於泉下相候也四月十九日可法手書

遺書五

可法受先帝厚恩不能復大讐受今上厚恩不能保疆土受慈母厚恩不能備孝養遭時不遇有志未仲一死以報國家固其分也獨恨不早從先帝於地下耳四月十九日可法絕筆

史可法遗书

史可法死守扬州

南明政权的兵部尚书史可法，本来不赞成让朱由崧（即弘光帝）做皇帝，为了避免引起内部冲突，才勉强同意。弘光帝即位以后，史可法主动要求到前方去统率军队。史可法做了督师，以身作则，跟兵士同甘共苦，受到将士们的爱戴。没多久，清军在多铎带领下，大举南下。史可法指挥四镇将领抵抗，打了一些胜仗。可是南明政权内部却起了内讧。驻守武昌的明军将领左良玉为了跟马士英争权，起兵进攻南京。马士英害怕得要命，急忙将江北四镇军队撤回，以对付左良玉，还用弘光帝名义要史可法带兵回南京保护他。史可法明知道清军压境，不该离开。但是为了平息内争，不得不带兵回南京，刚过长江，知道左良玉已经兵败。他急忙回师江北，这时清兵已经逼近扬州。公元 1645 年 4 月，扬州城陷落，史可法被害。

洋话天天说

A: What can you see in the park?
B: I can see an old man and a young boy.
A: 在公园里你见到谁了？
B：我见到了一位老人和一个小男孩。

夏完淳怒斥洪承畴

弘光政权瓦解以后，东南沿海一带的抗清力量继续战斗。这时候，在松江（在今上海市）有一批读书人也在酝酿抗清，领头的是夏允彝（yí）和陈子龙。夏允彝有个才 15 岁的儿子叫夏完淳。夏完淳自小就读了不少书籍，能诗善文，他在父亲、老师的影响下，也参加了抗清斗争。后来，夏允彝抗清失败，他不愿落在清兵手里，投到河塘里自杀。他留下遗嘱，要夏完淳继承他的抗清遗志。父亲的牺牲使夏完淳万分悲痛，也激起

20 世纪 80 年代出版的夏完淳小人书

了他对清朝的仇恨。后来，他被清朝逮捕，由明朝降将洪承畴亲自审讯。威胁并没有使他恐惧，他感到伤心的就是没有实现保卫国家、恢复中原的壮志。在审讯中，他指着洪承畴骂个不停。洪承畴被骂得脸色像死灰一样，不敢再审问下去，一拍惊堂木，喝令兵士把夏完淳拉出去。公元 1647 年 9 月，这位只有 17 岁的少年英雄在南京西市被害。他的朋友把他的遗体运回松江，葬在他父亲的墓旁。到现在，在松江城西，还留着夏允彝、夏完淳英雄父子的合葬墓。

康熙帝 VS 吴三桂

康熙帝

南明最后一个政权灭亡的那年，顺治帝已经病死，他的儿子玄烨（yè）即位，这就是清圣祖，也叫康熙帝。康熙帝亲政后，大力整顿朝政，奖励生产，惩办贪污，使新建立的清王朝渐渐强盛起来。当时，虽然南明政权已经灭亡，但是南方有三个藩王却叫康熙帝十分担心。三藩之中，又数吴三桂最强。吴三桂当上藩王之后，不但掌握地方兵权，还控制财政，自派官吏，不把清朝廷放在眼里。

康熙帝知道要统一政令，三藩是很大的障碍，一定得找机会削弱他们的势力。三藩知道清廷不信任他们，便抢先下手，起兵反清。康熙帝并没有被他们吓倒，他一面调兵遣将，集中兵力讨伐吴三桂；一面安抚还犹豫不决的藩王尚之信、耿精忠，把他们稳住。尚之信、耿精忠一看形势对吴三桂不利，又投降了。清军最后打败了吴三桂，统一了南方。这一战在封建史书中称为“平定三藩”。

顾炎武著书立说

顾炎武

顾炎武是江苏昆山人，出身江南大族，他的祖父是个很有见识的人，认为读书一定要研究实际。顾炎武受祖父影响，从小喜欢读《史记》《资治通鉴》和孙吴兵法等书，十分关心时事。他参加科举，没有考中，就干脆放弃科举，通读历史典籍，研究全国各地的地方志和历代名人奏章，开始编写一本重要的历史地理著作《天下郡国利病书》。顾炎武从小读书有个习惯，有一点心得就记下来，如果发现错误就随时修改，发现跟古人议论重复的就删掉。这样日积月累，再加上他从调查访问得到的材料，编成一本涉及政治、经济、史地、文艺等内容极其广泛的书，叫作《日知录》。此书被公认为是极有学术价值的著作。

思维对对碰

题目：有一种硬币游戏，其规则是：（1）一堆硬币共九枚。（2）双方轮流从中取走一枚、三枚或四枚。（3）谁取最后一枚谁赢。两人中是否必定会有一人赢？如果是，如何取？

答案：谁先取谁输！假银元。

乾隆帝

乾隆帝禁书修书

乾隆帝跟他祖父、父亲一样，除了重视军事之外，还十分重视文治。他一面继续开博学鸿词科，招收文人学者，编写各种书籍；一面又大兴“文字狱”，镇压有反清嫌疑的文人。乾隆时期，文字狱之多，大大超过了康熙、雍正两朝。但是，乾隆帝懂得，光靠文字狱来实行文化统治是不彻底的。还有成千上万的书籍，贮藏在民间。如果里面有不利于他们统治的内容，该用什么办法来解决呢？他终于想出一个办法，就是集中全国的藏书，来编辑一部规模空前巨大的丛书。这样一来可以进一步笼络大批知识分子，显示皇帝重视文化；二来可以借这个机会把民间藏书都审查一下。可说是一举两得。公元1773年，乾隆帝正式下令开设四库全书馆，派了一些皇室亲王和大学士担任总裁，那些皇亲国戚大多是挂个名、起监督作用的。真正担任编纂官的都是当时一些有名的学者，像戴震、姚鼐、纪昀（yún）等人。那套丛书名称叫作《四库全书》。

遥遥是一个调皮的男孩，一天到晚把妈妈气得团团转。那天，他又把妈妈买的新帽子，放到马桶里当游船，妈妈气得说：“你再不听话，我就把你的屁股打开花！”遥遥回过头来，柔声细语地说：“妈妈，屁股上开的花香不香啊？”

曹雪芹写《红楼梦》

中国台湾发行的《红楼梦》邮票

曹雪芹，名霑，字梦阮，号雪芹、芹圃、芹溪，大约出生于公元1724年。1735年，乾隆即位，曹家又被授予官职，有了一段“中兴”局面，那时曹雪芹13岁左右。5年之后，皇室内又一次发生争斗，曹家受到牵连，从此彻底败落。曹雪芹也结束了他的“纨绔”公子生活。这时他十六七岁，从此陷入贫困之中。颠沛流离的生活，使他有机会接触统治集团圈外的生活。他“富贵”而“下贱”的特殊家庭出身，既使他体验了“荣华”而“风雅”的公子生活，也使他经历了种种辛酸屈辱，产生了对统治者的一种本能的厌恶和反抗心理。他的文学家的头脑和敏锐的洞察力，预感到了清王朝由盛至衰的社会现实；他的反抗性格和叛逆思想由初时的“放荡形骸”，最终走上了与家庭和社会叛离的道路。这一切，就是曹雪芹能写出《红楼梦》的原因。

我来考考你

1.《日知录》的作者是__________。
2. 乾隆年间编成的大型丛书是__________。
3. 曹雪芹是明朝人，对吗？

民国肇造

旅夜书怀

杜甫

细草微风岸，危樯独夜舟。
星垂平野阔，月涌大江流。

清朝于 1911 年被由孙中山领导的辛亥革命推翻。自此中国结束长达 2500 年之久的封建君主专制时期，进入共和时期。从清朝灭亡至中华人民共和国建立期间是中华民国，简称“民国”。民国时期是中国历史上大动荡、大转变的时期，也是半殖民地半封建社会的终结阶段。

辛亥革命

辛亥革命是中国近代历史上一次伟大的资产阶级民主革命，具有深远的历史意义。辛亥革命给封建专制制度以致命的一击。它推翻了统治中国 260 多年的清王朝，结束了中国 2000 多年的封建君主专制制度，建立起资产阶级共和国，推动了历史的前进。辛亥革命使人民获得了一些民主与共和的权利，从此，民主共和的观念深入人心。在以后的历史进程中，无论谁想做皇帝，无论谁想复辟帝制，都在人民的反对下迅速垮台。

中国 1986 年发行的辛亥革命纪念邮票（左起依次是孙中山、黄兴、章太炎）

中华民国成立

中华民国于1912年1月1日在南京成立，这是辛亥革命的成果，是中国人民经过长期斗争推翻清王朝统治的成果。临时政府颁布了一系列建立资产阶级民主政治，发展民族资本主义经济和文化教育事业的法令。临时政府承认清朝与列强签订的不平等条约，令人遗憾。

A: Wow, what a beautiful cake!
B: It's for you. Happy birthday!
A: 哇，好漂亮的蛋糕啊！
B: 这是送给你的，生日快乐！

二次革命

二次革命是孙中山等革命党人于1913年发动的讨伐袁世凯的一场战争，又称"癸丑之役""赣宁之役"。二次革命是一场保卫辛亥革命成果的战斗，孙中山等革命党人不畏强权，英勇奋战，但由于力量弱小，加上组织不力，还是失败了。

5岁的儿子入睡前，对妈妈说："妈妈，把手电筒给我。"
"睡觉玩手电筒干啥？"
"不是玩，我做梦走黑路，看不见。"

袁世凯复辟帝制

袁世凯

1913年初，袁世凯颁布《整饬伦常令》，声称"中华立国，以孝弟忠信礼义廉耻为人道之大经"。6月，通令学校恢复祀孔。1914年9月28日，袁率百官到孔庙祭孔；12月23日，袁到天坛祭天，穿古衣冠，行大拜礼。祀孔祭天是袁复辟帝制的预演。德、英、美、日等也支持袁称帝。为了恢复君主国体，袁一手操纵的参政院制定《国民代表大会组织法》，规定由"国民代表大会"决定"国体"，各省在军政长官监督下加紧选出"代表"，在当地进行所谓国体投票。1915年12月11日，参政院以"国民代表大会总代表"名义上书 "劝进"。12日，袁发布命令，承受帝位。13日，接受百官朝贺，大加封赏。31日，袁下令翌年（1916年）改为"中华帝国洪宪元年"，准备于1月1日即皇帝位。由于云南、贵州等省发动护国战争，纷纷讨袁，1916年3月22日，袁被迫宣布取消帝制，废除"洪宪"年号，仍称大总统。

护国运动

辛亥革命推翻了2000多年的封建帝制，建立了中华民国。然而，孙中山领

护国运动纪念币（1916年发行，正面头像是护国运动领导者之一唐继尧）

导下建立的中华民国南京临时政府成立还不满100天，辛亥革命的胜利果实就被北洋军阀头子袁世凯窃取。在窃取了民国政权后，袁世凯倒行逆施，对外卖国，对内独裁。令中国人民发指的是，1915年12月12日，他竟然宣布复辟封建帝制。在这种情况下，反对袁世凯复辟的斗争，在全国范围内轰轰烈烈地开展起来！ 1915年底至1916年，云南等省组织护国军，反对袁世凯复辟帝制，维护中华民国民主共和制度。护国战争是近代由中国资产阶级单独领导的仅次于辛亥革命的又一次伟大的革命运动！

题目：一位牛奶商只有容量分别为5升与3升的两个瓶子可供他从牛奶罐中量取客户所需的牛奶。请问如何利用这两个瓶子，量出一升牛奶，而且不得浪费任何牛奶？

答案：先用3升的瓶子从牛奶罐中量取3升，之后倒入5升的瓶子中，再用3升的瓶子从牛奶罐中量取3升，之后再倒入5升的瓶子，剩余的就是1升。

护法运动

1917～1918年，以孙中山为首的资产阶级革命党人为维护临时约法、恢复国会，联合西南军阀共同进行了反对北洋军阀独裁统治的斗争，又称“护法战争”。孙中山先生亲自主持制定的《中华民国临时约法》及据此召集的第一届国会（俗称“旧国会”），一向被公认为资产阶级共和国的象征。孙中山在被迫让出政权后，一直为维护约法和国会而进行着坚持不懈的斗争。当1917年5月国务总理段祺瑞利用督军团压迫国会接受对德宣战案之际，孙中山即与章太炎、岑春煊、唐绍仪联名致电段祺瑞及参众两院，要求他们遵守约法、尊重国会。段被继任总统黎元洪罢职后，唆使北洋督军叛变独立，以武力胁迫黎元洪解散国会，孙中山又连续通电（或单独或联名）西南各省，呼吁拥护约法和国会，起兵讨伐北洋军阀。

广东省军阀1918年铸造的护法运动纪念币

五四运动

五四运动是1919年5月4日在北京爆发的中国人民反对帝国主义、封建主义的爱国运动。五四运动被称为中国旧民主主义革命的结束和新民主主义革命的开端。中华人民共和国建立后，于1949年12月正式宣布以5月4日为中国青年节。

我来考考你

1. 中国青年节是______月______日。
2. 中华民国于______年______月______日在______成立。
3. 辛亥革命是中国近代历史上的一次伟大的资产阶级民主革命，对不对？

第五章 风起云涌的近代世界

世界近代史是资本主义确立、发展和走向衰落的历史。它以1871年巴黎公社革命为界，分为两个时期。在前一时期中，资产阶级民主革命和民族革命蓬勃兴起和发展，资本主义在先进国家取得胜利，资本主义政治制度确立。在后一时期中，自由资本主义过渡到垄断资本主义——帝国主义，西方资产阶级随之由进步的阶级变为反动的阶级，而无产阶级日益壮大，无产阶级革命运动不断高涨，两个阶级彼消此长，让我们走进这风起云涌的近代世界吧。

资产阶级革命

资产阶级为了更好地维护自己的利益，不惜一切代价去建立自己的政权。来，同学们，让我们一起去体验这些如火如荼的革命时代吧！

送别

王维

山中相送罢，日暮掩柴扉。
春草年年绿，王孙归不归。

美国独立战争

1775年4月19日清晨，波士顿人民在列克星敦上空打响了独立战争的第一枪，拉开了美国独立战争的序幕。康科德镇上，有“通讯委员会”的一个秘密军需仓库。英军少校史密斯率800名英军前往搜查，但遭到了列克星敦民兵的袭击惨败。为了联合抗英，北美各殖民地建立联合武装力量即大陆军，任命华盛顿为总司令。后又建立大陆舰队。战争初期，双方力量相差悬殊。但是，战争的正义性和进步性左右了战争的进程和结局。华盛顿统率美法联军16000余人对约克镇实施围攻，歼灭英军主力7000余人，取得了这次战争的决定性胜利。后来英美双方在巴黎签订和约，英国被迫承认美国独立。美国独立战争是以小胜大、以弱胜强的典型战例。这一胜利为美国资本主义的发展开辟了道路，对后来的法国大革命和拉丁美洲民族解放运动，都有较大的影响。

北美独立战士

法国大革命

18 世纪，资本主义在法国部分地区已相当发达，出现了许多资本主义性质的手工工场，资产阶级已成为经济上最富有的阶级，但在政治上仍处于无权地位。农村绝大部分地区保留着封建土地所有制，并实行严格的封建等级制度。由天主教教士组成的第一等级和贵族组成的第二等级，是居于统治地位的特权阶级。资产阶级、农民和城市平民组成第三等级，处于被统治地位。特权阶级的最高代表是国王路易十六。18 世纪末，第三等级同特权阶级的矛盾日益加剧。资产阶级则凭借其经济实力、政治才能和文化知识处于领导地位。1789 年 7 月 14 日，巴黎人民起义，攻占巴士底狱，革命爆发。1791 年 6 月 20 日，路易十六乔装出逃，打算联合外国力量扑灭革命，中途被识破押回巴黎。1793 年 1 月 21 日，国民公会经过审判，以叛国罪处死路易斯十六。这次革命摧毁了法国封建专制制度，促进了法国资本主义的发展；也震撼了欧洲封建体系，推动了欧洲各国革命。

A：Do you often eat fish?
B：Yes，I do.
A：你经常吃鱼吗？
B：是的。

热月政变

1794 年 7 月 26 日，狂热的激进派——雅各宾派的领袖罗伯斯庇尔在国民公会发表演说，表示“国民公会中还有尚未肃清的议员”，议员要求罗伯斯庇尔将他们的名字说出，罗伯斯庇尔并没有说出，这便引发了议员们的恐慌，人人自危。由于已经有丹东等人被整肃的前例，于是议员们有意发动政变。当天晚上罗伯斯庇尔在雅各宾俱乐部发言指出，“各位今天听到我的演说，恐怕是我的遗言了”，没想到一语成谶（chèn，不好的预言）。7 月 27 日，罗伯斯庇尔前往国民公会，结果发言被议长打断；场内开始出现“打倒暴君”的呼声以及逮捕罗伯斯庇尔等人的要求，并且国民公会宣布罗伯斯庇尔“不受法律保护”，加以逮捕，同时被捕的还有其弟和圣鞠斯特、库东等人。7 月 28 日，罗伯斯庇尔、圣鞠斯特等 22 人因此被送上断头台。因此事发生在共和二年热月 9 日，因此被称为“热月政变”。热月政变也被视为是“反动派的反扑”。热月政变推翻了雅各宾派的统治，宣告了法国大革命中市民革命的结束。

雾月政变

热月政变之后，法国政局依旧动荡不安，屡建战功的拿破仑遂进入统治阶级视野，被视为挽救危局的人选。1799 年 11 月 9 日，拿破仑以解除雅各宾过激主义威胁为借口，开始行动，他派军队控制了政府，接管了一切事务，开始了为期 15 年的独裁统治。这一天是法国共和历雾月 18 日，所以，历史上称拿破仑在这天发动的政变为“雾月政变”，雾月政变使拿破仑掌握了法国军政大权。

拿破仑

拿破仑战争

18 世纪后期，资本主义在欧洲大陆获得一定发展。但除荷兰外，各国仍处于封建统治下。1789 年法国大革命爆发后，欧洲各君主国惊恐不安，奥地利、普鲁士率先出兵干涉。1799 年，野心勃勃的拿破仑（1804 年 12 月起称“拿破仑一世”）上台执政。拿破仑执政时期法国与反法联盟进行的战争被称为“拿破仑战争”。一个幅员辽阔的拿破仑帝国在连续不断的战争中形成。拿破仑战胜第五次反法联盟后，法国直接或间接统治了欧洲大陆的大部地区。拿破仑帝国从原来的 88 个省扩展到 130 个省，人口达 7500 万。欧洲大陆主要国家奥地利、普鲁士臣服于法国，俄国也委曲逢迎以求自保。拿破仑的声望和势力达到顶点。但胜利中也潜藏危机，1814 年，拿破仑进军俄国，在滑铁卢一役中兵败，从此帝国瓦解，旧王朝卷土重来。拿破仑被流放于大西洋中的荒岛上，直至去世。他的一生几乎是一部传奇故事，至今仍为人津津乐道。

题目：《七子之歌》的作者是著名诗人（　　）。
答案：闻一多。

神圣同盟

1815 年维也纳会议（战胜国研究如何处置法国的会议）结束后不久，俄国、奥地利和普鲁士于同年 9 月 26 日在巴黎签署《神圣同盟宣言》，标榜根据基督教教义处理相互关系，宣布三国属于上帝统治下的“同一家庭的三个分支”，三国君主以“手足之情”互相救援，三国应引导臣民和士兵“保卫宗教、和平与正义”，要求人民遵守教义，恪尽职责。他们并邀请承认盟约原则的国家参加同盟。同年11月19日，法国加入。最后除英国、奥斯曼帝国及教皇外，欧洲各君主国也纷纷加盟。神圣同盟实际上是维护维也纳体系、维护君主专制政治秩序的君主互助同盟。

每逢母亲节，老师总会一再提醒学生，做母亲的如何辛劳伟大，而大部分学生的作文里也会加上一句：我将来长大，一定要好好孝敬妈妈！

可是现在的孩子有更进一步的想法，读小学一年级的小美在日记上写着：做妈妈这么辛苦，将来我一定要我的孩子好好孝敬我！

明治维新

明治维新是日本历史上的一次政治革命。它推翻了实际掌权的德川幕府，使天皇重掌国家权力，在政治、经济和社会等方面实行全面改革，促进日本的现代化和西方化。明治维新的主要领导人是一些青年武士，他们以"富国强兵"为口号，企图建立一个能同西方并驾齐驱的国家。到20世纪初，明治维新的目标基本上已经完成。

明治维新后，日本颁布了宪法

我来考考你

1. 法兰西共和国成立于哪一年？
2. 什么是神圣同盟？
3. 美国独立战争的总司令是________。

A. 华盛顿　　B. 林肯　　C. 布什　　D. 肯尼迪

第六章 空前伟大的现代世界

进入现代以来，世界日益成为密不可分的整体。在经济全球化的推动下，世界各国的经济、文化联系日益加强。人类社会在取得空前进步和巨大发展的同时，也经历了前所未有的苦难。人类在战胜战争与贫困、推进和平与发展的进程中，不断经受严峻的挑战。让我们一起走进这空前伟大的现代世界看看吧！

问刘十九

白居易

绿蚁新醅酒，红泥小火炉。
晚来天欲雪，能饮一杯无。

崛起的中国

1949年，中华人民共和国成立了。中国的政治、经济、军事等各方面逐步发展，先后与多国建立了外交关系，在联合国中也占据着重要的位置，中华民族正在崛起。小朋友，让我们一起来看看崛起的中华民族吧！

开国大典

1949年10月1日下午2点55分，中华人民共和国中央人民政府成立，在首都北京举行典礼。下午3点整，会场上爆发出一阵排山倒海的掌声，毛泽东出现在主席台上，跟群众见面了。林伯渠宣布典礼开始。乐队奏起了《义勇军进行曲》。接着，毛泽东主席宣布："中华人民共和国中央人民政府在今天成立了！"

下午3时10分，毛主席亲手升起五星红旗。30万人一齐脱帽肃立，抬头行注目礼。代表着54个民族的54门礼炮也随之齐鸣，共放28响，象征建党以来的28年。接着，朱德总司令在阅兵总指挥聂荣臻的陪同下，乘车检阅了中国人民解放军的陆、海、空三军。检阅空军时，飞机呈人字形排列，飞过天空。毛主席首先向空中招手，军民们看见了，都把头上的帽子、手中的东西抛向天空，欢呼声盖过了飞机的隆隆声。

1959年发行的《开国大典》纪念邮票

阅兵式后，又举行了游行等庆祝活动。天安门广场灯火辉煌，场面盛大空前。

三大改造

在新中国成立初期，我国曾对农业、手工业和资本主义工商业进行社会主义改造。农业的社会主义改造叫农业合作化运动，手工业的社会主义改造从 1953 年 11 月开始至 1956 年底结束，全国 90%以上的手工业者加入了合作社。资本主义工商业的社会主义改造，从 1954 年至 1956 年底全面进行。党对之采取了“和平赎买”的政策，通过国家资本主义形式，逐步将其改造成社会主义公有制企业。

资本家拥护“三大改造”

西藏和平解放

西藏和平解放纪念碑

1950 年 1 月上旬，中共中央决定在 10 月以前解放西藏。1951 年 4 月，西藏地方政府派出以阿沛·阿旺晋美为全权代表的和平谈判代表团抵达北京，同以李维汉为首的中央人民政府代表团谈判。经过协商，双方签署了和平解放西藏的 17 条协议。协议的主要内容有：驱逐帝国主义势力出西藏；西藏地方政府积极协助人民解放军进入西藏；藏军逐步改编为人民解放军。西藏在中央人民政府的统一领导下，实行民族区域自治和民主改革；尊重西藏人民的宗教信仰和风俗习惯；中央人民政府在西藏设立军政委员会和军区司令部；西藏地区一切涉外事宜由中央人民政府统一处理。8 月 8 日，中央人民政府驻西藏代表抵达拉萨。人民解放军根据协议规定，也于 8 ~ 9 月顺利进入西藏。10 月 16 日到达拉萨，西藏正式和平解放。

A:Look, a fat cat catches a mouse。
B:Oh, that's great.
A ：看，肥猫逮住了一只老鼠。
B：哦，太棒了。

第一颗原子弹

1959 年 6 月，苏联片面撕毁中苏双方在 1957 年 10 月签订的关于国防新技术的协定，拒绝向中国提供原子弹样品和生产原子弹的技术资料。1961 年 7 月 16 日，中央作出《关于加强原子能工业建设若干问题的决定》，决定自力更生，突破原子能技术。1962 年 11 月，中央决定成立以周恩来为首的专门机构，领导核武器的试制和核工业建设工作。经过全国各地区、各部门以及参加核试验的广大指战员、科技人员、职工的通力协作和艰苦奋斗，终于在1964年10月16日在西部地区成功地爆炸了我国自行制造的第一颗原子弹。它是我国在国防建设和科学技术方面取得的一项重大成就，标志着我国在国防现代化进入一个新的阶段。

人民日报　号外

加强国防建设的重大成就，对保卫世界和平的重大贡献

我国第一颗原子弹爆炸成功

我国政府发表声明，郑重建议召开世界各国首脑会议，讨论全面禁止和彻底销毁核武器问题

改革开放

1978年，党的十一届三中全会作出了实行改革开放的重大决策。1979年，党中央、国务院批准广东、福建在对外经济活动中实行“特殊政策、灵活措施”，并决定在深圳、珠海等地试办经济特区。1984年4月，又进一步开放大连、秦皇岛、天津、烟台、青岛、连云港、南通、上海、宁波、温州、福州、广州、湛江、北海这14个港口城市。1985年2月，增开长江三角洲、珠江三角洲、闽南厦漳泉三角区为经济开放区。经过多年的实践，形成了全方位、多层次的开放格局，改革和开放得到了全国人民的拥护，“改革开放是强国之路”成为人们的共识。

改革开放前后对比

“神舟五号”升空

2003年10月15日，是中国航天史上值得纪念的一天。中国第一艘载人飞船“神舟五号”成功升空了！

“神舟五号”的动力载体是“长征2号F”运载火箭，它的运载能力、控制系统和安全保证系统都达到了世界前三名的水平。运载火箭和飞船组成了一个“大弹簧”系统，在火箭的动力作用下，使飞船冲射出去。“神舟五号”的返回舱高2.2米，相当于一个6平方米的房间，它是目前世界上最大的飞船返回舱呢！“神舟五号”升空后，绕地球环行了14周，于10月16日6时23分在内蒙古安全着陆，航天飞行取得圆满成功。

搭载“神舟五号”进入太空的航天员是杨利伟。在中国，一名空军飞行员要从1000名军人中选出，而100名空军飞行员中，只有一个人有机会成为战斗机飞行员。航天员是从这些战斗机飞行员中千里挑一选拔出来的。

嫦娥一号

“嫦娥一号”是中国的首颗绕月人造卫星，于2007年10月24日成功发射升空！“嫦娥一号”探月卫星发射成功在政治、经济、军事、科技乃至文化领域都具有非常重大的意义。“嫦娥奔月”的成功带给中国人的是加快发展的坚定信心，就如当年中国爆炸原子弹之后全世界华人的欣喜。中国历来都是一个大国，可是中国却在很久以前丢掉了自己的强国地位。每一次成功带来的国家强大的希望对于中国人而言都是激励，“嫦娥奔月”所体现的攻坚精神、创新意识都将成为全民的宝贵精神财富。

题目：被减数、减数、差之和为160，减数与差相等，求减数？
答案：40。

北京奥运会

第29届奥林匹克运动会于2008年8月8日在北京举行。福娃是第29届奥运会吉祥物，其色彩与灵感来源于奥林匹克五环，来源于中国辽阔的山川大地、江河湖海和人们喜爱的动物形象。福娃向全世界的孩子们传递友谊、和平、积极进取的精神和人与自然和谐相处的美好愿望。福娃是五个可爱的亲密小伙伴，他们的造型融入了鱼、大熊猫、奥林匹克圣火、藏羚羊以及燕子的形象。每个娃娃都有一个琅琅上口的名字，当把五个娃娃的名字连在一起，你会读出北京对世界的盛情邀请：“北京欢迎你。”

“中国印”会徽将中国印、中国字和五环徽有机地结合起来，充满了活力。方寸之地，凝聚着东西方气韵；笔画之间，

爸爸：“儿子，我们院里的小龙、小雨都得了奖状，你怎么没得到？”

儿子：“爸爸，你不知道，老师发奖状的时候，刚发到我的位子上就发完了。”

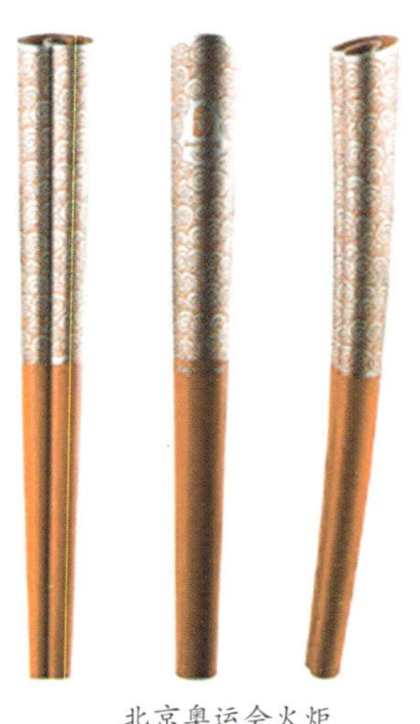

北京奥运会火炬

升华着奥运会精神。

北京奥运会的口号是“同一个世界，同一个梦想”（One World, One Dream），集中体现了奥林匹克精神的实质和普遍价值观——团结、友谊、进步、和谐、参与和梦想，表达了全世界在奥林匹克精神的感召下，追求人类美好未来的共同愿望。

第29届奥林匹克运动会的主会场，位于北京奥林匹克公园内、北京城市中轴线北端的东侧。建筑面积25.8万平方米，用地面积20.4万平方米。奥运会期间，承担开幕式、闭幕式、田径比赛、男子足球决赛等赛事活动，能容纳观众10万人。

我来考考你

1. 北京奥运会是第几届奥运会，它的吉祥物是什么？
2. 中国的首颗绕月人造卫星是__________。
3. “神舟”五号是什么时候升空的？

八阵图

杜甫

功盖三分国，名成八阵图。
江流石不转，遗恨失吞吴。

现代的世界

进入现代以来，世界日益成为密不可分的整体。在经济全球化的推动下，历史进程渐趋国际化，世界各国之间既相互依存又相互竞争。人类社会取得了空前的进步和巨大的发展。让我们一起走进这多元的世界吧。

十月革命

十月革命发生于1917年11月7日（俄历10月25日）。这一天，在列宁和托洛茨基等人的领导下，工人、士兵发动武装起义，建立了苏维埃政权。这是无产阶级政党领导的第一次成功的社会主义革命。革命推翻了克伦斯基领导的资产阶级临时政府。十月革命胜利后，苏维埃俄国退出了帝国主义战争。帝国主义阵营对于无产阶级政权极为恐惧和仇恨，他们在1918～1920年多次发动武装进攻，妄想扼杀革命，苏维埃俄国在以列宁为首的布

十月革命纪念邮票（1952年发行）

尔什维克党的坚强领导下，在广大工人、农民支持下，取得了反对武装干涉的胜利。经过艰苦卓绝的努力，苏俄各族人民都建立了革命政权。1922 年底，苏维埃社会主义共和国联盟（简称“苏联”）成立。

凡尔赛—华盛顿体系

华盛顿会议

凡尔赛—华盛顿体系是第一次世界大战战胜国（主要是英国、法国、美国、日本）建立的一种新的国际关系制度。凡尔赛体系对第二次世界大战前的世界特别是欧洲的影响是巨大的。华盛顿会议是凡尔赛会议的继续，通过华盛顿会议，资本主义世界在东亚和太平洋地区的秩序得到了安排。它同凡尔赛体系一起，构成了一战后资本主义国际新秩序。二战后以美苏为主建立的国际关系新秩序叫“雅尔塔体系”。

1929 年，华尔街股市崩盘

世界经济危机

1929～1933 年的世界经济危机，是资本主义历史上波及面最广、破坏性最大的危机。它根源于资本主义社会的基本矛盾。20 世纪 20 年代美国经济的快速发展也使生产和销售的矛盾不断尖锐化，直接导致了危机的爆发。在危机的沉重打击之下，主要资本主义国家各自寻找对策。比如美国通过罗斯福新政，使危机在很大程度上得到缓和，而德国、日本则走上了对外扩张转嫁危机的道路。

第三世界的兴起

“第三世界”这一概念大约出现于 20 世纪 50 年代中期，60 年代以来大为流行。在中国，这一概念指的是亚洲、非洲、拉丁美洲和其他地区的发展中国家。1955 年亚非会议的召开是这一过程的开端，不结盟运动是第三世界发展中的重要里程碑。50 年代后期，美苏争霸的国际格局日益明朗，“北

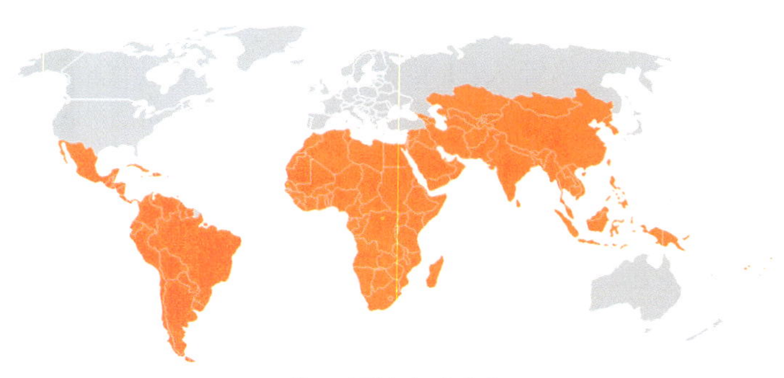
第三世界包括的地区

A：The readingroom is very nice.
B：I like it.
A：I like it too.
A：这间书屋真漂亮。
B：我喜欢。
A：我也喜欢。

约”“华约”两大集团的对峙日益加剧，许多新兴的民族国家为了维护自己的主权和独立，不愿介入美苏之间的斗争，而希望能在两极化的国际关系格局中保持“积极中立”的地位，遂纷纷宣布奉行“不结盟”的外交政策。它们接受了“第三世界”这个概念。1973年9月，不结盟国家在阿尔及尔通过的《政治宣言》中正式使用了“第三世界”这个概念。

联合国的建立

联合国创建于二战胜利的凯歌声中。1942年1月1日，正在对德、意、日法西斯作战的中、美、英、苏等26国代表在华盛顿发表了《联合国家宣言》。1945年4月25日，来自50个国家的代表在美国旧金山召开联合国国际组织会议。6月26日，50个国家的代表签署了《联合国宪章》，后又有波兰补签。同年10月24日，中、法、苏、英、美和其他多数签字国递交了批准书后，宪章开始生效，联合国正式成立。1947年，联合国大会决定，10月24日为联合国日。

联合国会徽

欧洲联盟的建立

欧洲联盟是集政治实体和经济实体于一身、在世界上具有重要影响的区域一体化组织。1991年12月，欧洲共同体马斯特里赫特首脑会议通过《欧洲联盟条约》，通称《马斯特里赫特条约》。1993年11月1日，条约正式生效，欧盟正式诞生。欧盟现有27个成员国和近5亿人口，总部设在比利时首都布鲁塞尔。欧盟的宗旨是“通过建立无内部边界的空间，加强经济、社会的协调发展和建立最终实行统一货币的经济货币联盟，促进成员国经济和社会的均衡发展”，“通过实行共同外交和安全政策，在国际舞台上弘扬联盟的个性”。

欧盟旗帜

欧元纸币

题目：A 镇有一家超市、一家百货商店和一家银行。在我到达 A 镇的那一天，那家银行正开着门营业。但一星期中没有一天超市、百货商店和银行全都开门营业。百货商店每星期开门营业四天，超市每星期开门营业五天，星期日和星期三三家单位都关门休息。在连续的三天当中，第一天百货商店休息；第二天银行休息；第三天超市休息。在又一连续的三天中：第一天银行休息；第二天超市休息；第三天百货商店休息。那么我到达 A 镇是一星期中的哪一天？

答案：星期一。

两德统一纪念章（1989 年发行）

两德统一

德国在历史上一向都是一个分裂的国家，在 1870 年，德国由普鲁士的威廉一世统一，然而在 1945 年后，德国再次分裂，分成东德和西德两个国家，这两个国家在 1990 年，在西德的赫尔穆特·科尔总理领导之下重新统一。1990 年 3 月 18 日东德举行历史上第一次民主选举之后，东西德立即展开统一谈判，最后两德与第二次世界大战后占领德国的四国（美、英、法、苏）达成二加四条约，条约允许统一之后的德国成为完全独立自主的国家，而四个占领国的特权全部取消。统一后，德国继续留在欧洲共同体（即后来的欧盟）以及北大西洋公约组织中。

亚洲金融危机

1997 年 6 月，一场金融危机在亚洲爆发，这场危机的发展过程十分复杂。1997 年 7 月 2 日，泰国宣布放弃固定汇率制，实行浮动汇率制，引发了一场波及东南亚的金融风暴。当天，泰铢兑换美元的汇率下降了 17%，外汇及其他金融市场一片混乱。在泰铢波动的影响

亚洲金融危机

下，东南亚金融风暴演变为亚洲金融危机。1999 年，金融危机结束。危机中经济损失惨重。发生在 1997 ～ 1999 年的亚洲金融危机，是继 20 世纪 30 年代大危机之后，对世界经济有深远影响的又一重大事件。这次金融危机反映了世界各国的金融体系存在着严重缺陷。

小白要上幼儿园了，第一天上幼儿园，老师开始进行智力测验，就把一篮积木倒在桌上，让孩子们自由发挥。只见小白把积木在自己面前排成一横排，然后向前一推，嘴里喊道："我和（hú）了！"

新技术革命的兴起

始于 20 世纪中叶的新技术革命，可称为"第三次技术革命"，它是在 20 世纪自然科学理论最新突破的基础上产生的。新技术革命自兴起至今大致经历了两个基本阶段，20 世纪 40 ～ 50 年代是新技术革命的形成阶段，其主要标志是原子能、电子计算机和空间技术的诞生，其中计算机技术开辟了人类智力的新纪元。从 20 世纪 70 年代开始，新技术革命进入全面发展的新阶段。其主要标志是信息高速公路，即网络技术等。网络是现代通信的新表现方式，从技术的角度来看，网络是由计算机技术与通信技术等技术相结合而成的。

火星车

新技术革命对社会的影响是多方面的，如信息技术对改变整个人类社会的面貌起了重要的作用。计算机网络和信息高速公路的建立，将整个世界变成了地球村。新技术革命不仅带来了人类生活方式的现代化，还引发了人的观念和思维方式的变革。

我来考考你

1. 新技术革命的形成阶段，主要标志是________、________、________。
2. 亚洲金融危机经历了哪几个阶段，你能说一说吗？
3. 德国统一于________。
   A.1992 年　　B.1993 年　　C.1989 年　　D.1990 年